WIE WIR KOCHEN

Julia Stelzner

WIE WIR KOCHEN

Die besten Foodblogs und ihre leckersten Rezepte

Prestel
München · London · New York

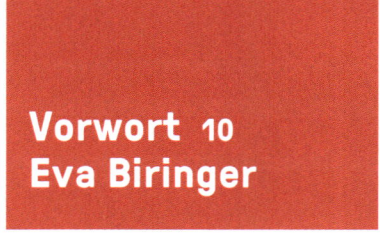

Vorwort 10
Eva Biringer

Einführung 12
Julia Stelzner

Our Food Stories 16

Chestnut & Sage 22

Eat In My Kitchen 28

Krautkopf 34

Mundwerk 40

Nicky&Max 46

Albertines 52

What Should I Eat For Breakfast Today? 58

Splendido Magazin 64

Eat This! 70

Die Jungs kochen und backen 76

Sophia Hoffmann 82

Geschmacksmomente 88

Theresas Küche 94

Heavenlynn Healthy 100

Culinary Pixel 106

Zucker & Jagdwurst 112

Food with a View 118

The Wednesday Chef 124

derultimativekochblog 130

Ye Olde Kitchen 136

Tiny Spoon 142

GourmetGuerilla 148

Individualisten 154

Little City 160

Because you are hungry 166

The Norwegian Hausfrau 172

Register 180
Die Autorin 186
Impressum 188
Bildnachweis 188

EVA BIRINGER
VORWORT

Butter bei die Bete   Das größte Missverständnis unter deutschsprachigen Foodbloggern ist die Rote Bete. Zu jener Zeit, als Bioläden noch Reformhäuser hießen, war sie deren Ladenhüter. Kinder rohkostverliebter Iss-deinen-Teller-leer-Eltern nahmen davon bleibenden Schaden. Kochfaule Studenten hielten sie später für eine Nährstoffquelle, wohlgemerkt in vorgekochter und eingeschweißter Form. In meiner ersten Berliner WG hieß es über eine Mitbewohnerin: »Das ist die mit der Roten Bete im Kühlschrankfach« – und damit war alles gesagt. Vor einigen Jahren wurde aus der Schrumpelknolle ein Superstar. Plötzlich begegnete sie einem in allen Variationen, als Carpaccio, Bagel-Topping und »Beetroot Latte«, am Ende gar als Kuchenzutat. Schuld daran waren nicht nur, aber sicher auch: die Foodblogger.

Bekanntlich hat Essen in unserer Gesellschaft den Status einer Ersatzreligion angenommen. Weniger dramatisch formuliert ist vielen Menschen heute nicht mehr egal, was sie ihrem Körper zuführen, und das ist gut so. Begleiterscheinungen wie das zwanghafte Fotografieren von Mahlzeiten in der Öffentlichkeit werden bleiben oder wieder verschwinden, das Servicepersonal schockiert jedenfalls nichts mehr. Im Gegensatz zum Ottonormalesser ist der Foodblogger geradezu verpflichtet, sein iPhone oder seine Canon 5D auszupacken, um das abkühlende Gericht vor sich möglichst vorteilhaft zu fotografieren. Dass er es danach lauwarm verzehren darf, ist ein netter Nebeneffekt.

Menschen, die im Netz über Ernährung, Rezepte und Essenstrends schreiben, sind immer hungrig, wenn nicht im physischen, dann zumindest im theoretischen Sinn. Sie kochen, backen, reisen, naschen und teilen all das mit ihren Lesern. Dem Internet sei Dank: Ähnlich wie in der Mode bestimmen nicht mehr einige wenige, was »wichtig« ist, sondern jeder, der will und eine Menge Follower hat (bereits ein eigenes kulturelles Subgenre ist: Pictures of Hipsters taking Pictures of Food). Fashionblogger werden mit »Goodie Bags« bedacht, Kochbuchverlage haben ein Kontingent für Blogger. Erstere sitzen in der Front Row, Letztere bekommen Einladungen für dasselbe Soft Opening einer veganen Bánh-mì-Bäckerei wie ihre Kollegen von der etablierten Presse. Nicht wenige leben vom Bloggen, entwickeln Apps, schreiben Bücher, veranstalten Supper Clubs. Die allermeisten sind sehr nett. Tatsächlich gehört das Sich-Vernetzen zu den Grundvoraussetzungen. Je öfter die Wettervorhersage einen Shitstorm ankündigt, desto wichtiger ist zwischenmenschliche Heiterkeit, unabhängig vom leeren Teller. Dabei spüren Blogger nicht nur Trends auf, sondern erschaffen sie mit – wie die eingangs beschriebene Rote Bete.

Ich selbst weiß deswegen so gut, wie die deutschsprachige Foodblogszene schmeckt, weil ich seit Anfang 2016 das Sonntagsessen bei *Zeit Online* betreue. Jede Woche stelle ich einen Foodblog vor in Form eines fünfgängigen, von den Betreibern entwickelten Menüs. Oft werde ich gefragt: »Gibt es denn so viele Foodblogs?« Ja, die gibt es im deutschsprachigen Raum. Weniger zwar als im angelsächsischen, aber doch so zahlreich, dass sich mein Redaktionsplan praktisch von selbst füllt. Ein Ende ist nicht in Sicht.

Lässt sich eine Entwicklung beobachten? Sicher geht der Trend zu fleischloser oder veganer Ernährung, woran ich nichts Schlechtes finden kann, solange es Alternativen gibt. Ab und an betexte auch ich gerne die Zubereitung einer stundenlang geschmorten Schweineschulter.

Alt ist sexy: Weil Essen viel mit Kindheitserinnerungen zu tun hat, geraten Omas Rezepte nicht in Vergessenheit, sondern werden raffiniert in die Gegenwart übertragen. Dann wird etwa das Rübenschmalz mit Reismilch und Kakaobutter verfeinert wie bei *Food with a View* und der Leberkäse kommt mit Coleslaw und Meerrettichmayonnaise auf den Tisch wie bei *GourmetGuerilla*. Auch Clean Eating ist ein Thema und überhaupt alles, was im weitesten Sinn als gesund gilt. Das kann viel Spaß machen wie bei der gut vernetzten »Vegan Queen« Sophia Hoffmann. Glücklicherweise widmet sich demgegenüber eine ausreichende Zahl an Bloggern dem Soul Food in allen Variationen. Sei es in Form veganer Pancake-Burger wie Julia Stephan und Isabelle Friedrich von *Zucker & Jagdwurst* oder Sascha und Torsten Wetts Königsberger Klopse. Deren *Die Jungs kochen und backen* gehört zu einer schützenswerten Minderheit, denn in Sachen Frauenquote hat die Foodbloggerszene der übrigen Welt einiges voraus. Gelegentlich beschränken sich die Foodblogger auch auf eine bestimmte Mahlzeit wie Marta Greber von *What Should I Eat For Breakfast Today?*

Das Bewusstsein für Regionalität und Saisonalität wächst im Übrigen entsprechend dem Trend in der gehobenen Gastronomie. Kein Wunder, schließlich posten Blogger nicht nur Rezepte, sondern testen Restaurants, Cafés, Streetfood-Märkte und haben mitunter mehr Einfluss als Gastrokritiker der alten Schule. Besser fotografieren können die meisten sowieso, einige kochen auf Profiniveau. Ihr Geschmack ist geschmacksbildend. Zurück zur Roten Bete. In Kombination mit viel Butter schmeckt sie beinahe lecker. Problematisch ist ja nicht ihr Aroma, sondern ihre Schreibweise. Auch wenn der Duden die »Beete« durchgehen lässt, empfiehlt er die Schreibweise mit einem e. Insofern ist mir in meiner Zeit als Betreuerin des Sonntagsessens keine Unart häufiger untergekommen als die Rote Bete mit zwei e.

Eva Biringer lebt als Journalistin in Wien und Berlin. Im Internet findet man sie als Eva Perla unter anderem auf ihren Blogs *Milchmädchenmonolog* und *Küchenperlen*. Für Zeit online schreibt sie regelmäßig die Rubrik »Sonntagsessen«.

JULIA STELZNER
EINFÜHRUNG

Eine Prise von allem Ein Best-of deutschsprachiger Foodblogs zusammenzustellen ist nicht so simpel, wie es klingen mag. Das weiß ich jetzt. Denn als ich anfangs zusagte, dieses Buch zu machen, stellte ich mir nichts leichter vor. In drei Monaten wurde ich jedoch eines Besseren belehrt.

Lektion 1: Ich denke morgens unter der Dusche daran, was ich abends kochen werde, und überlege mitunter mittwochs, was ich sonntags backen könnte. Ich habe quasi immer Hunger. Rezeptideen schießen schneller in meinen Kopf als Ronaldo durch den Sechzehner. Nach unzähligen Klicks durch etliche Blogs bin ich um Tausende Ideen reicher (und noch hungriger und unentschlossener).

Lektion 2: Wer auswählt, muss Entscheidungen treffen. Und das ist keine leichte Aufgabe in Anbetracht der vielen großartigen und ambitionierten Foodblogs, die durchs Netz schwirren. Denn während noch vor ein paar Jahren sämtliche (Food-)Blogtrends überwiegend im englischsprachigen Raum gesetzt wurden, haben die deutschsprachigen Blogger längst aufgeholt – vor allem in Sachen Vielfalt, erst recht in puncto Qualität der Fotos und neue kulinarische Kompositionen und nicht zuletzt auch, was den Grad der Professionalisierung und damit einhergehende Vollzeitbeschäftigung, YouTube-Kanäle und Aufträge von großen Firmen angeht.

Vor allem meine zweite Lektion – die objektive Erkenntnis von beiden – soll dieser Rezeptband dokumentieren: mit 27 fabelhaften Foodblogs aus Deutschland, Österreich, der Schweiz und sogar einem aus Luxemburg. Alle Blogger verraten uns in persönlichen Einblicken, weshalb, was und wie sie kochen.

Von viel Vegetarischem und Veganem über einiges mit Fisch oder Fleisch bis hin zu Zucker- und Getreidefreiem ist alles dabei. Die Auswahl sollte schließlich so bunt gemischt sein wie eine prall gefüllte Bowl, eine Schüssel gesundes Allerlei. Dennoch stellten sich nach 27 Interviews und 54 Rezepten, davon 27 bisher unveröffentlichte, einige Gemeinsamkeiten heraus.

Viele Blogger aus diesem Buch – von *Albertines* aus der Schweiz bis hin zu den Berlinern von *Krautkopf* – kochen am liebsten regional und saisonal. Davon ernten ein paar wie *Food with a View* und *Ye Olde Kitchen* sogar selbst. Die omnipräsente Vorliebe für Essen aus der Region heißt aber nicht, dass die Blogger Fernreisen und deren kulinarische Entdeckungen schmähen würden. Im Gegenteil: Sie berichten davon ausführlich und lassen neue exotische Noten in ihre Gerichte einfließen. Nur das *Splendido Magazin,* das Geschichten getriebene Foodmagazin aus München, hat sich ganz der italienischen Küche verschrieben. Ansonsten kombinieren die Foodblogger neue Trendzutaten wie Quinoa mit altbekannten Klassikern wie Kürbis und erweitern damit den seit Jahren in der Mode und Einrichtung beschworenen Eklektizismus um eine neue Disziplin.

Rote Bete, das hat Eva Biringer in ihrem Vorwort ebenfalls festgestellt, ist das, wozu lange Zeit der Grünkohl künstlich stilisiert wurde: die Nummer 1 in den Gemüse-Charts. Sie landet nämlich derzeit in vielen Auflaufformen, Standmixern und Rührschüsseln, allen voran bei der »Vegan Queen« Sophia Hoffmann, die zu diesem Buch gleich zwei Rezepte mit Roter Bete beigesteuert hat; und die haben längst nicht nur die optischen Vorzüge eines extravaganten pinken Kolorits.

Es gibt laut den Kurzinterviews in diesem Buch nur eine Zutat, welche die Rote Bete von ihrem Thron schubst. Das sind nicht etwa Süßkartoffeln, sondern immer noch, na – Nudeln! Diese Vorliebe hat nichts damit zu tun, dass die Foodblogger ein faules Volk sind. Sie zeigen vielmehr, dass Nudeln nicht gleich Nudeln sind. Beispielsweise kreiert *Chestnut & Sage* ein Gericht mit sommerlichen Sobanudeln, *Nicky & Max* kredenzt selbst gemachte 5-Sekunden-Tortellini aus Wan-Tan-Blättern, und *Culinary Pixel* macht Lasagne in einer ganz neuen Dimension.

Gerichte wie diese schmecken nicht nur gut. Sie sind auch irre fotogen. Und so haben auch die vorgestellten Foodblogs gemein, dass bei ihnen die Ästhetik genauso wichtig ist wie die richtige Gewürzmischung beim Roten Curry. Dennoch: Die gestalterische Bandbreite zwischen Extrem-Minimalismus wie bei *Splendido,* maximaler Opulenz wie bei *Our Food Stories* und authentischen Momentaufnahmen wie bei *The Wednesday Chef* ist enorm. Wer bei all dem keinen Appetit bekommt, ist selbst schuld.

Was allerdings noch viel mehr Freude macht, als sich mit wahnsinnig hübschen Bildern von Essen berieseln zu lassen, ist selbst zu kochen. Oder aber sich bekochen zu lassen. Die gute Nachricht kommt nämlich wie immer am Schluss: Einige Foodblogger aus diesem Buch laden regelmäßig fremde Gäste zum Essen ein. Zum Beispiel Sophia Hoffmann in Berlin und anderswo, die *Norwegian Hausfrau* Therese Moser-Rønning aus der Schweiz, die Österreicherinnen Eva Schwaighofer (*Individualisten*) und Melanie Limbeck (*Mundwerk*) oder die Luxemburgerin Theresa Baumgärtner (*Theresas Küche*). Das Zweitbeste: Mit den 54 hier präsentierten Rezepten ist noch lange kein Ende in Sicht. Auf den Blogs geht es ja weiter; und auf den vielen anderen tollen Blogs, die in diesem Buch diesmal keinen Platz gefunden haben, sowieso.

BLOGS

OUR FOOD STORIES

Our Food Stories

Laura Muthesius & Nora Eisermann
Berlin, Deutschland
www.ourfoodstories.com

Der One-Million-Follower-Blog »Am liebsten verwenden wir Materialien, die in den Gerichten vorkommen.« In Sachen zeitgenössisches Foodstyling haben Nora Eisermann und Laura Muthesius vom Blog *Our Food Stories* enorm vorgelegt. Klar wurden schon vor ihnen Thymianzweige auf eine Tarte gelegt oder Blütenblätter über ein Gericht gestreut. Doch so opulent (und gleichzeitig natürlich) waren wenige. In ihren Rezeptbildern drapieren Laura und Nora, die Fotografin und die Foodstylistin, in altmeisterlicher Manier alles um den Keramikteller, was ihnen in den Blick fällt: malerisches Obst wie Feigen oder Granatäpfel, rote Dahlien oder blasse Eukalyptuszweige. Oder gleich eine rare Ausgabe des Buchs *Bäume und Sträucher des Waldes* aus den Sechzigern. Viel Schwarzfläche, dunkles Holz, Rohbeton und helle Leinenstoffe sind ebenfalls typisch für die Fotos von Laura und Nora, in denen meist Kuchen vorkommt. Mit dem fing nämlich alles an, als die beiden glutenfreie Kuchenrezepte für Laura suchten, die eine Weizenunverträglichkeit hat. Längst ist aus dem *Our Food Stories*-Team, das auch privat Herd und Bett teilt, ein erfolgreiches Geschäftsmodell geworden, welches eine Million Follower auf Instagram zählt und für Kunden aus der Industrie Rezepte inszeniert. Zum Fotografieren von prächtigen Gerichten wie Granatapfel-Frühstücks-Bowl, Vollkornbrot oder Pumpkin Pancakes (beides glutenfrei) haben sie ebenfalls einen schönen Rahmen gefunden: eine ausgebaute Remise im Norden Berlins. Am Wochenende geht's aber aufs Land: food-styling-technisch »aus dem Vollen schöpfen«.

Q+A

Welches Gewürz verwendet ihr am häufigsten?
Sehr schwierig, sich da festzulegen.
Aber zum Beispiel Vanille und Kurkuma.

Was ist euer Lieblingsküchengerät?
Unsere Pancake-Pfanne, die wir während einer Schwedenreise gekauft haben.
Die Pancakes gelingen so gut darin, und zusätzlich wird man jedes Mal beim Benutzen der Pfanne an die Reise erinnert.

Was kocht ihr für 10 Personen als Hauptgericht?
Glutenfreie Kohlrabi-Pizza und dazu einen großen Salat.

Was macht ein gutes Foodfoto aus?
Dass man Appetit bekommt!

Exotisch oder lokal?
Lokal und am liebsten aus dem Garten.

Süß oder salzig?
Süß.

BANANEN-NUSSMUS-KUCHEN

ZUTATEN

Für 1 Kuchen

200 g Nussmus
(z. B. Mandel- oder
Haselnuss)

135 ml Ahornsirup plus
2 EL für das Topping

200 g reife Bananen,
geschält, plus 2 Bananen
als Topping (insgesamt
etwa 4 mittelgroße Bananen)

3 Eier (Größe M/L)

das Mark von 1 Vanilleschote

1 Prise Salz

100 g Reismehl
(oder ein anderes Mehl)

2 TL Weinsteinbackpulver

1 ½ TL Zimt

1 Prise Muskat

100 g Mandeln

1–2 EL Puderzucker

Butter zum Einfetten

ZUBEREITUNG

Den Ofen auf 180 °C Ober-/Unterhitze vorheizen. Eine Backform
einfetten und mit Backpapier auskleiden.

Das Nussmus mit dem Ahornsirup vermengen, die Bananen
pürieren und unter das Mus rühren. Die Eier mit Vanillemark und Salz
2 Minuten schaumig aufschlagen. Reismehl, Weinsteinbackpulver,
Zimt und Muskat mischen und mit einem Rührbesen unter den
Eierschaum rühren.

Anschließend die Mischung – erneut mit dem Rührbesen – unter
die Bananen-Nussmus-Masse rühren. Die Mandeln grob hacken,
etwa ¾ der Mandeln unter den Teig heben und dann den Teig in die
Backform füllen.

Die beiden übrigen Bananen schälen, halbieren und vorsichtig auf
den Kuchenteig legen. Die restlichen Mandeln drüberstreuen. Den
Bananenkuchen für 25 Minuten backen, aus dem Ofen nehmen und
die Bananenhälften sowie den Kuchenteig mit etwas Ahornsirup
bestreichen.

Den Bananenkuchen auf einem Kuchengitter abkühlen lassen und
vor dem Servieren mit Puderzucker bestreuen.

*»Banane und Nuss passen hervorragend zusammen, deswegen haben
wir uns bei diesem Kuchen für die Kombination Banane und Mandelmus
entschieden. Die Bananen geben dem Kuchen eine süße Note, und das
Mandelmus verleiht ihm eine saftige Konsistenz und das nussige Aroma.«*

GLUTENFREIE ERDNUSSBUTTER-PANCAKES

ZUBEREITUNG

Den Ofen auf 100 °C Ober-/Unterhitze vorheizen – zum Warmhalten der Pancakes.

Die Eier trennen. Das Eiweiß mit der Prise Salz 2 Minuten zu Eischnee aufschlagen. Das Eigelb zusammen mit dem Vanillemark 1 Minute verquirlen, dann den Ahornsirup unterschlagen, zuletzt die Milch.

Die Erdnussbutter in eine Rührschüssel geben und etwas vermengen, dann die Eigelb-Milch-Mischung mit einem Schneebesen unterrühren. Reismehl, Weinsteinbackpulver und Zimt mischen und zur Masse geben, unterrühren. Zum Schluss den Eischnee in drei Portionen dazugeben und ebenfalls mit dem Schneebesen unterheben.

Die Pancakes portionsweise in einer Pfanne bei niedriger bis mittlerer Hitze in etwas Kokosöl von beiden Seiten goldbraun ausbacken und anschließend in den Ofen legen, bis alle fertig sind.

Mit Kokosjoghurt, Apfelspalten und Ahornsirup servieren.

ZUTATEN

Für 12 Pancakes

2 Eier (Größe M/L)

1 Prise Salz (aber nur, wenn die Erdnussbutter ohne Salz ist)

das Mark von 1 Vanilleschote (optional)

2 EL Ahornsirup

120 ml Milch

100 g Erdnussbutter bzw. Erdnussmus, ungesüßt

125 g Reismehl

1 ½ TL Weinsteinbackpulver

1 TL Zimt

etwas Kokosöl zum Ausbacken

Außerdem

Kokosjoghurt (oder ein anderer Lieblingsjoghurt)

Apfelspalten

Ahornsirup

»Wir lieben Pancakes in jeglicher Variation. Da es uns mit Erdnussbutter ähnlich geht, wollten wir unbedingt ein Rezept mit beidem kreieren. Es ist unser absolutes Lieblingsfrühstück und darf gerne mit einem eigenen Topping verändert werden.«

Wohlklingende Küchenweisheiten »Das sanfte Licht der geöffneten Kühlschranktüre fällt über ein vor Hunger ausgemergeltes Gesicht. Der Blick streift unruhig über Zutaten, die (...) auf ihren großen Auftritt warten. Die eine Frage, alles bestimmend, schwebt über der Szenerie. ›Was zum Teufel soll ich heute Abend nur kochen?‹« Julia Herrmann aus Augsburg weiß sich auszudrücken. Hauptberuflich arbeitet sie als technische Redakteurin. In dem Job zählen Präzision und die Fähigkeit, Dinge verständlich zu machen. Auf ihrem vegan-vegetarischen Blog *Chestnut & Sage* geht es deutlich poetischer zu. Hier notiert Julia mit viel verbaler Finesse, was sie zu diesem oder jenem Gericht gebracht hat. Und versieht am Ende alles mit einem gemischten Doppel aus zwei Einzelbildern: den eingezoomten Zutaten und dem fertigen Gericht. Passend zum Blognamen hat sie sogar ein Rezept mit ihren Lieblingszutaten kreiert: Risotto mit Maronen und Salbei, was ihrer Meinung nach auf Englisch »ausgesprochen wohlklingend, schön weich und rund« anmutet. Ob es eigentlich in Julias Küche so sauber aussieht wie auf ihrem hübschen Blog, der in bester *Kinfolk*-Manier wohl als Einziger entsättigt und außerdem sehr weißlastig und werbefrei ist? Sie sagt: »Ja! Ich bin etwas pedantisch, wenn es um Ordnung geht.« Und wer sich abschließend fragt, was auf eingangs erwähnte Frage gekocht wurde? Es waren Mac & Cheese mit Apfel und Sellerie. Ganz schön gute Entscheidung!

Chestnut & Sage

Julia Herrmann
Augsburg, Deutschland
www.chestnutandsage.de

Q+A

Freestyle kochen oder nach Rezept?
Ich mag es, wenn Gerichte so schmecken, wie sie sollen. Daher koche ich meist nach Rezept.

Was ist dein Lieblingsdrink?
Port & Tonic.

Das beste Katerfrühstück?
Huevos Rancheros. Grüner Tee. Stille.

Wen würdest du gerne einmal bekochen?
Eine Runde toller Frauen wie Milena Glimbovski, Dunja Hayali, Emma Watson, Michelle Obama.

Wo hast du am meisten Geld für Essen ausgegeben?
In Kødbyens Fiskebar in Kopenhagen.

Was isst du, wenn es dir nicht gut geht?
Risotto. Cremiger Reis und Parmesan machen alles besser.

CHESTNUT &
SAGE

SOBANUDELN MIT GURKE UND WAKAME

ZUTATEN

Für 2 Personen

4 EL Wakame

1 Salatgurke

180 g Sobanudeln

Saft von 2 Limetten

2 EL Reisessig

2 EL Mirin
(japanischer Reiswein)

2 EL geröstetes Sesamöl

2 TL Zucker

Salz

1 grüne Chili, in feine Ringe
geschnitten

2 TL Sesam

2 EL Koriander, fein gehackt

ZUBEREITUNG

Die Wakame in einer kleinen Schüssel mit kaltem Wasser für
5 Minuten einweichen, danach abgießen und beiseite stellen.

Die Gurke mit einem Sparschäler in dünne Streifen schneiden und
in eine Schüssel geben. Die Gurkenstreifen mit 1 Teelöffel Salz
bestreuen und so lange stehen lassen, bis die Sobanudeln fertig sind.

Die Sobanudeln nach Packungsanleitung kochen, abgießen und
mit eiskaltem Wasser abschrecken. Die Nudeln müssen richtig kalt
sein und gut abtropfen.

Den Limettensaft mit Reisessig, Mirin, Sesamöl, Zucker und
1 Teelöffel Salz zu einem homogenen Dressing verrühren. Sobanudeln,
Gurkenstreifen, Wakame und Chili miteinander vermengen und
mit dem Dressing übergießen.

Die Nudeln auf zwei Schüsseln verteilen und mit Sesam und
Koriander garnieren.

*»Die Kombination aus kühler Gurke, mineralischer Alge und frischem
Koriander ist die beste, um an heißen Sommertagen Abkühlung zu finden.«*

ORIENTALISCHES RISI E BISI

ZUBEREITUNG

Die Gemüsebrühe zum Kochen bringen.

Das Olivenöl in einem großen Topf erhitzen. Die Zwiebel- und Fenchelwürfel in den Topf geben und 10 Minuten sanft dünsten. Den Reis dazugeben, gut umrühren und eine weitere Minute mitdünsten. Mit Weißwein ablöschen und unter Rühren so lange köcheln lassen, bis der Reis die ganze Flüssigkeit aufgesogen hat. Nach und nach die kochende Gemüsebrühe in den Topf gießen und dabei regelmäßig, jedoch nicht übermäßig umrühren. Der Reis braucht etwa 20 Minuten, bis er gar ist.

In der Zwischenzeit das Fruchtfleisch der Salzzitrone entfernen. Die Schale vom bitteren Weißen befreien und fein hacken.

Die Butter in einer kleinen Pfanne erhitzen und unter ständigem Rühren so lange köcheln, bis sie braun wird und nussig riecht.

Kurz vor Ende der Garzeit die fein gehackte Zitronenschale und die Erbsen in das Risotto geben. Die Hitze des Herds reduzieren und den Reis und die Erbsen gar ziehen lassen. Den Topf vom Herd nehmen und den geriebenen Parmesan, die braune Butter und das Zatar unterrühren und das Risotto mit Salz abschmecken.

Das Risotto vor dem Servieren 5 Minuten ruhen lassen. Sollte es zu fest sein, etwas Gemüsebrühe hinzufügen. Das Risotto auf zwei Teller verteilen und mit Erbsensprossen garnieren.

ZUTATEN

Für 2 Personen

1 l Gemüsebrühe

2 EL Olivenöl

1 Zwiebel, fein gewürfelt

½ kleine Fenchelknolle, fein gewürfelt

200 g Carnaroli-Reis

100 ml Weißwein

½ Salzzitrone (gibt es auch fertig zu kaufen)

40 g Butter

100 g Erbsen (im Winter Tiefkühlware)

60 g geriebener Parmesan

1 TL Zatar

Salz

Erbsensprossen zum Garnieren

»Ich mag es, Klassiker in ein frisches Gewand zu kleiden. So wie dieses Risotto, ein typisch venezianisches Gericht, das ich mit den orientalischen Aromen der Salzzitrone und Zatar verfeinere. Salzzitronen kann man auch einfach selber machen, indem man sie kreuzweise einschneidet und in ein heiß ausgewaschenes Glas füllt. In das Glas gibt man pro Zitrone einen gehäuften Esslöffel grobes Meersalz und den Saft von einer halben Zitrone. Dann füllt man das Glas mit heißem Wasser auf und lässt die Zitronen vier Wochen ziehen.«

EAT IN MY KITCHEN

Eat In My Kitchen

Meike Peters
Berlin, Deutschland
www.eatinmykitchen.meikepeters.com

Der Berlin-Malta-Express Meike Peters lebt schon lange in Berlin. Aber mehrmals im Jahr verschlägt es sie nach Malta. Ihr Freund kommt von der Insel. Die Rezepte auf ihrem Blog *Eat In My Kitchen* vereinen deshalb beides, das Mediterrane von Malta, das vor allem in (Zitrus-)Früchten seinen Ausdruck findet, und die deutsche Exaktheit bei der Rezeptformulierung: Perlgraupen werden Feta, Fenchel und Kumquats untergemogelt. Ravioli mit einer Mixtur aus Artischocke, Ricotta und Orangenschale gefüllt. Farfalle mit frischen Feigen und Büffelmozzarella serviert und ein Risotto mit Zitronen und Mascarpone verfeinert. Meike sagt: »Wie Musik kann dich Essen in eine andere Zeit, an einen anderen Ort oder in eine andere Laune versetzen, wann immer man das will.« Sie, die vor dem professionellen Foodblogging und der Foodfotografie in der Musikindustrie gearbeitet hat, muss es wissen. Die Leidenschaft fürs Kochen hatte Meike jedoch schon davor: »In meiner Familie war Essen schon immer ein großes Thema. Wir treffen uns am Ende immer alle in der Küche und kochen etwas.« Meike kocht aber auch, wenn sie alleine ist, und bloggt darüber. Auf Englisch wohlgemerkt, weswegen ihre Leser aus der ganzen Welt kommen und ihr im Gegenzug Rezepte aus ihrer Heimat schmackhaft machen, wie zuletzt einen Safrankuchen. Klare Sache, dass Meike das Rezept nachgebacken hat. 2016 wurden auch die deutschen Leser von *Eat In My Kitchen* verwöhnt: mit einem Kochbuch.

Q+A

Pizza essen gehen oder selber machen?
Selber machen! Wir haben eine Tradition: Jeden Sonntag machen wir Pizza selber. Wir essen sie auf dem Sofa, schauen einen alten Filmklassiker an und genießen dazu dunklen italienischen Rotwein.

Was bringst du zum Picknick mit?
Eine herzhafte Tarte oder Quiche. Die schmeckt kalt und warm und man kann die Füllung nach Lust und Laune variieren. Und natürlich eine Flasche Prosecco oder fruchtigen Weißwein.

Wo hast du am meisten Geld für Essen ausgegeben?
In New York! Das Essen dort ist wahnsinnig gut, aber auch wahnsinnig teuer.

Wo kaufst du am liebsten ein?
In Berlin auf dem Wochenmarkt und auf Malta bei meinem Gemüsemann Lell in Msida.

Wie sauber ist deine Küche nach dem Kochen?
Beim Kochen ist sie recht chaotisch, wobei ich aber versuche, so viel wie möglich schon vor dem Essen in der Spülmaschine zu verstauen. Ich räume aber immer nach dem Essen auf.

Was ist für dich die vielseitigste Zutat?
Zitrusfrüchte. Man kann sowohl ihre Schale als auch ihren Saft zum Verfeinern verwenden, man kann sie aber auch ganz mutig in Salaten, Pasta, Fleisch- und Fischgerichten und natürlich in Kuchen und Süßspeisen dominieren lassen.

KÜRBIS-RICOTTA-CRESPELLE MIT KNUSPRIGEM SALBEI

ZUTATEN

Für 2–4 Personen

Für die Füllung

570 g geschälter Kürbis ohne Kerne (am besten Butternuss oder Hokkaido mit Schale), in 1,5 cm große Würfel geschnitten

Olivenöl

Meersalzflocken

2 EL Butter

30 große frische Salbeiblätter

4 gehäufte EL frischer Ricotta

85 g frisch geriebener Parmesan

schwarze Pfefferkörner, im Mörser grob zerstoßen

Für die Béchamelsauce

600 ml Milch

1 Prise Muskatnuss (am besten frisch gemahlen)

feines Meersalz

Pfeffer

2 EL Butter

30 g Mehl

1 großes getrocknetes Lorbeerblatt

Für die Crespelle

160 ml Milch

2 Eier

130 g Mehl, gesiebt

¼ TL feines Meersalz

Butter, zum Backen der Crespelle

ZUBEREITUNG

Den Ofen auf 200 °C Ober-/Unterhitze vorheizen. Eine Backform mit Backpapier auslegen.

Für die Füllung den Kürbis in die vorbereitete Backform geben und mit 2 Esslöffel Olivenöl vermengen. Mit flockigem Meersalz würzen und etwa 25 Minuten im Ofen rösten, bis er weich ist. Die Ofentemperatur auf 200 °C halten.

Für die Béchamelsauce Milch, Muskatnuss, eine Prise Salz und Pfeffer in einen Stieltopf geben und zum Kochen bringen. Den Topf sofort von der Hitze nehmen. Dann die Mehlschwitze für die Béchamelsauce zubereiten. Dazu die Butter in einem sauberen Topf bei mittlerer bis hoher Hitze schmelzen und das Mehl mit einem Schneebesen unterrühren, sobald sie zu brutzeln anfängt. Langsam die heiße Milch angießen und glatt schlagen. Das Lorbeerblatt dazugeben und bei niedriger Hitze unter gelegentlichem Rühren 2–3 Minuten andicken. Das Lorbeerblatt entfernen. Mit Muskatnuss, Salz und Pfeffer abschmecken, einen Deckel auflegen und beiseite stellen.

Für die Crespelle Milch und Eier in einer großen Schüssel verrühren. Mehl und Salz dazugeben und mit einem Handrührgerät glatt rühren. Vor dem Backen der Crespelle den Teig etwa 10 Minuten ruhen lassen.

Zum Backen der Crespelle ½ Teelöffel Butter bei mittlerer bis hoher Hitze in einer großen Gusseisen- oder Antihaftpfanne erhitzen. Eine Kelle Teig in die Pfanne gießen, die Pfanne leicht schräg halten und schwenken, sodass sich der Teig gleichmäßig und sehr dünn verteilt. Den Pfannkuchen 30 Sekunden bis 1 Minute auf jeder Seite goldbraun backen, dann auf einen Teller legen. Aus dem übrigen Teig 3 weitere Crespelle backen, die Temperatur falls nötig anpassen und vor jedem Pfannkuchen immer ein wenig Butter in die Pfanne geben.

»Italienische Crespelle sind ein reichhaltiges Vergnügen. Man kann diese Pfannkuchen das ganze Jahr über und mit allen möglichen Füllungen essen, welche die Natur gerade anbietet. Doch speziell im Herbst und Winter ist dieses Comfort Food genau richtig. Die Füllung dann: Kürbis, Spinat oder Pilze.«

Für die Füllung 2 Esslöffel Butter bei hoher Hitze in einem kleinen Topf erhitzen, bis sie brutzelt. Den Salbei dazugeben und ein paar Sekunden knusprig und golden, aber nicht dunkel braten. Auf einen Teller geben.

Eine Backform einfetten, die groß genug ist, dass 4 eingerollte Crespelle hineinpassen. Einen Pfannkuchen nach dem anderen flach auf einen großen Teller legen und ¼ des gerösteten Kürbis und 2 ½ Esslöffel der Béchamelsauce darauf verteilen. ¼ des Ricottas, 4 Salbeiblätter und etwas weniger als ¼ des Parmesans darübergeben. Mit grobem Pfeffer würzen, einrollen und nebeneinander in die vorbereitete Backform legen.

Die übrige Béchamelsauce über die Crespelle verteilen und mit dem restlichen Parmesan bestreuen. 12 Minuten backen, für die letzten 1–2 Minuten den Grill einschalten, bis die Oberseite leicht anbräunt und knusprig wird. Mit dem restlichen Salbei bestreuen und servieren.

BIRNEN-STERNANIS-FRÜHSTÜCKS-KUCHEN

ZUBEREITUNG

Den Ofen auf 180 °C (Umluft) vorheizen. Eine Springform (20 cm) einfetten.

In einer kleinen Schale 2 Esslöffel Zucker, den halben Sternanis und ½ Teelöffel Zimt vermischen und beiseite stellen. Den übrigen Sternanis und Zimt mit Mehl, Speisestärke, Backpulver und Salz in einer Schüssel vermischen.

In einer großen Schüssel die Butter und den übrigen Zucker (100 g) mit einem Handrührgerät locker und cremig schlagen. Die Eier nacheinander einarbeiten und dann etwa 2–3 Minuten hellgelb und cremig schlagen. Die Mehlmischung dazugeben und weitere 2 Minuten gut verrühren. Den Teig in die eingefettete Form geben.

Mit einem scharfen Messer die Oberseite der Birnenhälften der Länge nach viermal einritzen und sternförmig auf dem Teig verteilen (eingeritzte Seite nach oben). Mit der Gewürz-Zuckermischung bestreuen und etwa 40 Minuten goldgelb backen. Ein Metall- oder Holzstäbchen sollte nach dem Einstechen in der Mitte sauber sein. Den Kuchen ein paar Minuten abkühlen lassen, bevor er aus der Form genommen wird. Pur, mit geschlagener Sahne oder Vanilleeis genießen.

»Dieser Kuchen ist perfekt für ein gemütliches Sonntagsfrühstück. Ich mische Speisestärke zu dem Mehl, das macht ihn schön locker. Das Rezept bietet sich an, den Jahreszeiten zu folgen und die Birnen mal durch Äpfel, Pflaumen oder Pfirsiche zu ersetzen. Im Frühjahr könnte ich mir sogar Erdbeeren oder Blaubeeren vorstellen, ich würde dann aber den Sternanis weglassen. Die Backzeit muss in dem Fall vielleicht etwas angepasst werden.«

ZUTATEN

Für 1 Kuchen

100 g Zucker plus 2 EL für das Topping

1 TL fein gemahlener Sternanis (etwa 5 Stück im Mörser zermahlen)

1 TL gemahlener Zimt

130 g Mehl

30 g Speisestärke

1 gehäufter TL Backpulver

⅛ TL feines Meersalz

160 g weiche Butter

3 Eier

2 feste Birnen, geschält, entkernt und halbiert

Krautkopf

Yannic Schon & Susann Probst
Berlin, Deutschland
www.kraut-kopf.de

Atelier für Gemüse Wer einen Krautkopf in der Mitte aufschneidet und einen Sinn für Grafisches hat, preist die fein verästelten Linien als Naturschönheit. Wer sich den Blog *Krautkopf* anschaut, stößt auf Fotos, die ebenso kunstvoll sind. Okay. Hinter Krautkopf stecken auch zwei, die es können. Yannic Schon und Susann Probst arbeiten hauptberuflich als Fotografen. In den letzten Jahren waren sie als »Paul liebt Paula« vor allem auf Hochzeiten unterwegs und brachten Bilder mit, die mit ihrer analogen Grobkörnigkeit jeden Kitsch sprengen. Aktuell widmet sich das Paar vermehrt ihrem Projekt *Krautkopf*. Gegründet haben sie den Blog zwar schon im Sommer 2013. Nachdem aber bereits zwei Jahre später ein eigenes Kochbuch herauskam, das bald darauf in sämtlichen Buchhandlungen auslag, wurde *Krautkopf* endgültig zur neuen, zur kulinarischen Visitenkarte. Was sich dort findet, ist immer vegetarisch (Rote-Bete-Burger mit Meerrettich und Apfel-Zwiebel-Chutney und Tomatiges Parmigiana), oft vegan (Sommerlich-frischer Melonen-Reisnudelsalat oder Steinpilz-Graupenrisotto) und häufig bei Laktose- oder Glutenunverträglichkeit geeignet. Ein Kracher ist auch die Kategorie »Basics«, die erklärt, wie man richtig gute rote Currypaste, Nudelteig oder Mandelmilch macht. Nur ein Risiko gibt es beim Nachkochen: Es wird fantastisch schmecken, aber selten so top aussehen wie beim Original. Hauptsache, ihr habt Spaß!

Q+A

Seit wann ernährt ihr euch vegetarisch?
Wir haben beide noch nie Fleisch gemocht. Vor etwa sechs Jahren haben wir uns dann, auch aus ethischen Gründen, bewusst dafür entschieden, komplett auf Fleisch und Fisch zu verzichten.

Wo kauft ihr am liebsten ein?
Meistens findet man uns in Berlin auf dem Markt am Leopoldplatz, der direkt bei uns vor der Haustür ist. Oder beim Wochenmarkt am Wittenbergplatz.

Was ist euer Lieblingsobst bzw. -gemüse?
Jede Saison hat ihre Lieblinge. Im Frühling sind das: Spargel, Radieschen und Rhabarber. Im Sommer Erbsen, Beeren, Auberginen und Tomaten, und ab Herbst dann Kürbis und Mais. Richtig verliebt haben wir uns in Rote Bete.

Was bringt ihr zum Picknick mit?
Einen Tortano, einen gefüllten Brotring. Man kann ihn gut transportieren, braucht kein zusätzliches Besteck oder Geschirr und er ist Brot und Belag in einem.

Was kocht ihr für 10 Personen als Hauptgericht?
Da wir saisonal kochen, kommt das immer auch auf die Jahreszeit an. Im Winter würden wir die Dinkel-Spätzle mit geröstetem Rotkohl aus unserer Krautkopf-App servieren.

Was macht ein gutes Foodfoto aus?
Für uns ist es immer wichtig, dass das Essen im Fokus steht und wenig drum herum ablenkt. Das Licht sollte passen und einen schönen Kontrast ergeben, und das Essen muss superfrisch abgelichtet werden.

THAI-KOKOS-SUPPE

ZUTATEN

Für 2 Personen

Für den Tofu

100 ml Gemüsebrühe

1 EL rote Currypaste

250 g Tofu

Pflanzenöl zum Frittieren

Für die Suppe

1 TL natives Kokosöl

2 TL rote Currypaste

850 ml Gemüsebrühe

1 Stange Zitronengras

2 Kaffirlimettenblätter

100 g Shiitake,
in Scheiben geschnitten

250 ml Kokosmilch

feines Meersalz

Saft von ½ Limette

125 g Reisnudeln

1 Handvoll junger Blattspinat

1 Handvoll Mungo-
bohnensprossen

1 Frühlingszwiebel,
in Ringe geschnitten

1 Handvoll frische Kräuter
(z. B. Koriander, Minze,
Thai-Basilikum, Selleriegrün,
Shiso)

1 Handvoll geröstete
Erdnüsse, gehackt

ZUBEREITUNG

Die Currypaste in der Gemüsebrühe auflösen. Den Tofu längs halbieren, in ein verschließbares Gefäß geben und mit der Brühe übergießen. Den Tofu für mindestens 1 Stunde in der Brühe marinieren, ab und an leicht schütteln oder drehen, damit der Tofu von allen Seiten benetzt wird.

Für die Suppe das Kokosöl in einem großen Topf erhitzen und die Currypaste 2–3 Minuten darin anschwitzen. Die Gemüsebrühe angießen und zum Kochen bringen.

Mit einem Messerrücken auf das Zitronengras klopfen, damit sich die Fasern öffnen und das Aroma abgegeben werden kann. Zitronengras und Limettenblätter zur Brühe geben und diese vom Herd nehmen.

Das Pflanzenöl in einem kleinen Topf auf 160 °C erhitzen. Den Tofu aus der Marinade nehmen, mit Küchenkrepp trocken tupfen und im Öl goldbraun frittieren. Den Tofu gut abtropfen lassen und in Scheiben schneiden.

Tofu und Shiitake in die Suppe geben, mit der Kokosmilch aufgießen, mit Salz und Limettensaft abschmecken und etwa 10 Minuten köcheln lassen.

In der Zwischenzeit die Reisnudeln nach Packungsanleitung kochen und mit kaltem Wasser abschrecken.

Die Reisnudeln in zwei Schalen verteilen, mit der heißen Suppe aufgießen und nach Belieben mit Spinat, Mungobohnensprossen, Frühlingszwiebeln, Kräutern und Erdnüssen anrichten.

TIPP
Je länger der Tofu in der Marinade ziehen kann, desto aromatischer wird er. Daher legen wir ihn gerne auch über Nacht ein.

»Am liebsten servieren wir die Suppe nur mit Reisnudeln, Tofu und Pilzen und richten einen extra Teller mit allen frischen Kräutern, Frühlingszwiebeln, Spinat, Limettenspalten, Sprossen und Erdnüssen an. So kann jeder seine Suppe ganz nach Wunsch garnieren.«

RHABARBER-CHEESECAKE-SCHNITTEN

ZUBEREITUNG

Den Ofen auf 180 °C Ober-/Unterhitze vorheizen. Eine 20 × 30 cm große Backform mit Backpapier auslegen.

Die Walnüsse rösten, fein hacken und abkühlen lassen. Mehl, Zucker, Salz, Zimt, Backpulver und Walnüsse in einer Rührschüssel vermischen und mit der Butter verkrümeln. Die Hälfte des Teiges in der Form verteilen, festdrücken und für 10 Minuten backen.

In der Zwischenzeit für die Füllung den Rhabarber mit der Hälfte des Zuckers vermischen und beiseite stellen.

Das Vanillemark mit dem Ei und dem Honig gut vermengen. Nicht aufschlagen! Den Frischkäse cremig rühren und die Eimasse unterheben.

Den Saft vom Rhabarber abgießen und den restlichen Zucker und die Speisestärke mit dem Rhabarber vermischen.

Die Frischkäsecreme gleichmäßig auf dem Kuchenboden verteilen und den Rhabarber vorsichtig darübergeben. Den übrigen Kuchenteig zu Streuseln zusammendrücken und über den Rhabarber streuen.

Den Kuchen in weiteren 35–40 Minuten goldbraun backen. Etwa 1 Stunde abkühlen lassen und danach für mindestens 2 Stunden in den Kühlschrank stellen.

TIPP

Der Teig hat eine sehr trockene und bröselige Konsistenz. Dies ist wichtig, da der Rhabarber beim Backen noch Feuchtigkeit abgibt, die aufgesogen wird.

ZUTATEN

Für 12 Portionen

Für den Teig

100 g Walnüsse

300 g Dinkel-Vollkornmehl

100 g Vollrohrzucker

½ TL feines Meersalz

1 TL gemahlener Zimt

1 TL Backpulver

125 g kalte Butter, in Stücken

Für die Füllung

800 g Rhabarber (bei Bedarf geschält)

80 g Vollrohrzucker

das Mark von 1 Vanilleschote

1 Ei (Größe M)

60 g Honig

350 g Doppelrahm-Frischkäse

3 EL Speisestärke

»Weil wir dieses Rezept so lieben, backen wir die Schnitten nicht nur während der Rhabarbersaison, sondern belegen sie im Herbst stattdessen mit säuerlichen Äpfeln. Dafür kann die Menge an Zucker und Stärke halbiert und als Ersatz eine gute Portion Zimt dazugegeben werden.«

MUNDWERK

Mundwerk

Melanie Limbeck
Gols, Österreich
www.dasmundwerk.at

Das Landliebe-Komplettpaket Es gibt die Magazine, die uns erzählen, wie schön, wie gesund und wie idyllisch es auf dem Land ist. Und es gibt Melanie Limbeck mit ihrem Blog *Mundwerk*. Melanie lebt im Burgenland. Als kleines Mädchen wirbelte sie abwechselnd durch die Backstube ihrer Großeltern und auf deren Hof zwischen Hühnern, Pferden, Ziegen und Schweinen herum. Selbstversorgung war da kein Selbstversuch, es war ganz selbstverständlich. Melanie hat davon einiges übernommen. Sie isst Fleisch, wenn sie weiß, wo und wie das Tier aufgewachsen ist. Am nächsten Tag backt sie vielleicht ein gesundes Quinoa-Dinkelbrot oder verbringt den Tag mit Coffee und Candy, ihren Tieren. Erstere ist eine Australian-Shepherd-Hündin, die sie beim Beerenpflücken im Garten begleitet. Mit Candy, der Stute, reitet sie am Abend aus. Danach gibt es ein Glas Wein aus eigenem Anbau. Wein ist nämlich das neueste Projekt der Bloggerin, seit sie mit Gernot zusammen ist, der nicht nur Programmierer, sondern auch Winzer ist. In der »Weinwerkstatt« in einer alten Tischlerei hinterm Haus finden im Keller Verkostungen statt. Obendrüber steht die Profiküche, in der Melanie Workshops gibt. Fehlt nur noch die eigene Produktlinie. Mit einer fiktiven Marke für burgenländische Spezialitäten hatte »Mundwerk« 2014 schließlich ja mal als Diplomarbeit angefangen.

Q+A

Was macht ein gutes Foodfoto aus?
Weniger ist mehr! Überladene Foodfotos lenken einerseits nur vom Wesentlichen, dem Gericht selbst, ab. Zum anderen wirken sie auch nicht authentisch.

Was ist dein Lieblingsküchengerät?
Ein scharf geschliffenes Messer.

Obst oder Kuchen?
Kommt auf die Tageszeit an: morgens Obst; am Nachmittag darf es gerne ein Stück Kuchen sein.

Süßkartoffeln oder Nudeln?
Nudeln gehen einfach immer und sind ideal, um Gemüsereste zu verarbeiten.

Welche Länderküche magst du am liebsten?
Ich liebe die österreichische Küche und vor allem die pannonische, welche bei uns im Osten Österreichs sehr ausgeprägt ist. Hier wird viel mit Paprika, Paprikapulver und Tomaten gekocht, das mag ich besonders gerne.

Was bringst du zum Picknick mit?
Ein Flascherl Wein und frisch gebackenes Tomatenbrot.

BUNTER FEIGENSALAT MIT ZIEGEN-FRISCHKÄSE

ZUTATEN

Für 2 Personen

1 Bund Rucola

1 rote Rübe, geputzt und dünn gehobelt

1 orange Rübe, geputzt und dünn gehobelt

1 weiße/gelbe Rübe, geputzt und dünn gehobelt

6 Feigen, geviertelt

2 Handvoll bunte Kirsch-tomaten (schwarz, gelb, rot), halbiert

Rucola- & Basilikumblüten

80 g Ziegenfrischkäse

1 TL Honig

1 EL Olivenöl

schwarzer Pfeffer

Kräuter-Meersalz

ZUBEREITUNG

Den Rucola auf einem Teller anrichten und die Rüben, Feigen, Tomaten, Rucola- und Basilikumblüten darauf verteilen. Den Ziegenfrischkäse mit den Fingern ein wenig zerbröseln und darüberstreuen.

Den Honig mit Olivenöl gut vermischen und über dem Salat verteilen. Mit etwas schwarzem Pfeffer und Kräuter-Meersalz würzen.

»Ich liebe es, zu jeder Jahreszeit aus dem Vollen zu schöpfen, und bin überzeugt davon, dass die Natur immer gerade das für uns bereithält, was unser Körper braucht.«

PANNONISCHES REISFLEISCH

ZUBEREITUNG

Für das Reisfleisch das Fleisch in kleine mundgerechte Stücke schneiden.

Das Sonnenblumenöl in einem Topf erhitzen und die Zwiebel darin glasig dünsten. Sobald die Zwiebel beginnt, Farbe anzunehmen, das Schweinefleisch und den Knoblauch darin scharf anbraten. Das Tomatenmark dazugeben und gut umrühren. Die beiden Paprikapulver und den Majoran hinzufügen und mit etwa einem Glas Rinderbrühe aufgießen. Zugedeckt bei geringer Hitze 10 Minuten köcheln. Dann den Reis und das klein gewürfelte Gemüse zugeben. Den restlichen Fond aufgießen und regelmäßig umrühren. Etwa 30 Minuten garen, bis der Reis die Flüssigkeit aufgenommen hat. Mit Salz und Pfeffer abschmecken und mit Petersilie bestreut servieren.

ZUTATEN

Für 4 Personen

750 g Schweineschulter

Sonnenblumenöl

1 Zwiebel, fein gewürfelt

2 Knoblauchzehen,
fein gehackt

2 EL Tomatenmark

1 EL edelsüßes
Paprikapulver

1 TL rosenscharfes
Paprikapulver

1 EL Majoranblätter

1 l Rinderbrühe

300 g Rundkornreis

1 rote Paprika,
fein gewürfelt

½ grüne Zucchini,
fein gewürfelt

1 grüne Paprika,
fein gewürfelt

Salz

frisch gemahlener
schwarzer Pfeffer

1 TL frische Pettersilie,
gehackt

»Traditionell wird das Reisfleisch bei uns mit Rote-Rüben-Salat und/oder Essiggurken gegessen.«

Mit Essen spielen ausdrücklich erlaubt Milchshakes, bei denen eine Erdbeere oder Bananenscheibe müde am Glasrand abhängt? Nicht bei *Nicky&Max*! Bei ihnen wird die Eiscreme weit über das Glas hinaus geschichtet und von Cookies, Donuts, Salzbrezeln und Mikado-Stäbchen umzingelt. Wer das schnell löffelt, ist klar im Vorteil. Auch das Garnieren und fixe Fotografieren will gekonnt sein. Doch darin sind Nicky Walsh und Max Faber Profis. Max hat als Koch gearbeitet, bevor er seinen Fokus auf Rezeptentwicklung und Foodstyling verlagert hat. Nicky, die gebürtig aus South Wales kommt und lange in London gelebt hat, ist Fotografin mit Schwerpunkt Essen. Und als ob sie nicht schon berufshalber genug mit Kochen um die Ohren hätten, starteten sie *Nicky&Max* als Versuchsküche für a) unkonventionelle Rezepte und b) eine innovative Bildsprache. Eine Idee waren Stop-Motion-Videos. So wurde etwa ein britisches »Fry-up-Frühstück« in einen 15-Sekunden-Film verpackt. Ein anderer Ansatz ist das Plating im Bauhaus-Stil, bei dem Kiwi und Johannisbeere sich an der Quadratur des Kreises versuchen. So schön, dass es noch erwähnt werden muss, ist das Schwarz-Weiß-Motto. Bei dem landeten Blumenkohl-Kokos-Suppe mit schwarzem Sesam und Geschmorte Rinderbäckchen im Rotwein-Pfeffer-Sud zu getrüffeltem Selleriepüree auf dem Teller. Wetten, dass damit jeder bei der nächsten Essenseinladung punktet?

Nicky&Max

Nicky Walsh & Max Faber
Berlin, Deutschland
www.nickyandmax.com
www.foodfaber.com
www.nickywalsh.eu

Q+A

Was ist euer Lieblings-Fingerfood?
Nicky: Mein hausgemachtes Hummus, in das ich nach der Arbeit einfach alles dippe.
Max: Frisch gebackenes Brot mit Salzbutter.

Welche Länderküche mögt ihr am liebsten?
Nicky: Indisch und australisch.
Max: Vietnamesisch und italienisch.

Süß oder salzig?
Nicky: Salzig, den ganzen Tag lang. Und etwas Süßes am Ende.
Max: Beides, auch gerne zusammen.

Was ist euer Lieblingsküchengerät?
Nicky: Ein toller Handblender von WMF, der alles gut mixt. Die Investition war es wert.
Max: Mein scharfes Messer.

Was macht ein gutes Foodfoto aus?
Nicky: Licht!
Max: Beste Produkte, ein super Rezept, gutes Foodstyling und das perfekte Licht.

Was ist das beste Frühstück bei Hangover?
Nicky: Ich liebe Baked Eggs in Tomatensauce mit Chorizo oder Avocado.
Max: Ein strammer Max!

NICKY&MAX

SCHNELLE PESTO-TORTELLINI MIT SPARGEL UND KAPERNÄPFELN

ZUTATEN

Für 4 Personen

20 Wan-Tan-Teigblätter

175 g Frischkäse

70 g frisches Basilikum-Pesto

Salz

frisch gemahlener schwarzer Pfeffer

1 TL Honig

50 g Butter

4 EL Olivenöl

2 Bund grüner Spargel, geputzt und der Länge nach halbiert

Zucker

20 Kapernäpfel, in Scheiben geschnitten

etwas Schnittlauch, fein gehackt

ZUBEREITUNG

Den Wan-Tan-Teig antauen lassen und etwa 20 Teigblätter ablösen. Den Frischkäse mit dem Pesto verrühren und mit Salz, Pfeffer und Honig abschmecken.

Die Ränder der Teigblätter mit Wasser bestreichen. Mittig auf die Blätter je 2 Teelöffel Füllung geben, zusammenklappen, die Ränder gut zusammendrücken, nach hinten umschlagen und festdrücken.

Butter und Olivenöl in einer breiten Pfanne erhitzen. Den Spargel darin bissfest braten und mit etwas Zucker und Salz würzen. Die Kapernäpfel zugeben und kurz miterhitzen.

Die Pesto-Tortellini in kochendem Salzwasser ca. 2 Minuten köcheln lassen, aus dem Wasser schöpfen und mit etwas Kochwasser in die Spargelpfanne geben. Mit Salz und Pfeffer abschmecken und auf Teller geben. Mit Schnittlauch bestreuen.

»Mit diesen Tortellini wollten wir etwas sehr Elegantes machen. Es hat mit dem grünen Spargel angefangen, der wunderbar zu fotografieren ist. Und dann kam diese sehr einfache Zubereitungsmethode für Tortellini dazu. Das Ergebnis soll Menschen inspirieren, auch etwas auszuprobieren, was sie sonst noch nie zuvor zu Hause gemacht haben.«

VANILLE-CHOCOLATE-CHIP-KIRSCH-SHAKE

ZUBEREITUNG

Das Glas ca. 10 Minuten einfrieren. Das Innere des Glases mit etwas Kirschpüree oder -sauce ausgießen und wieder einfrieren.

Die Milch mit 3 Kugeln Vanilleeis (ca. 150 g) in den Becher des Standmixers geben und cremig mixen. Abwechselnd den Shake mit etwas Schokoeis in das Glas füllen und mit übrigem Schokoeis abschließen. Eine große Kugel Vanilleeis darauf setzen und mit den übrigen Zutaten freaky dekorieren.

»Wir lieben es, mit Essen zu spielen, und finden Gerichte, welche die Grenzen davon brechen, was Essen sein kann, sehr inspirierend.«

ZUTATEN

*Für 1 Freak-Shake
(ca. 0,5 Liter)
zum Teilen oder
auch nicht*

2–3 EL Kirschpüree oder -sauce (oder andere Fruchtsaucen nach Belieben)

250 ml kalte Milch

ca. 200 g Bourbon-Vanilleeis

ca. 100 g Chocolate-Chip-Schokoladeneis

Zum Dekorieren z. B.

Chocolate Chip Cookies

Salzbrezeln

Schokosticks

Mini-Donuts

geschlagene Sahne

geröstete Mandeln

Schokosplitter

Karamellsauce
zum Beträufeln

und die Kirsche
für obendrauf

Oder auch gerne

Popcorn, Marshmallows, Mini-Muffins, Schoko-riegel, bunte Streusel, Frucht- und Schokosaucen …

ALBERTINES

Albertines

Barbara Halter & Pirmin Beeler

Zug, Schweiz
www.albertines.ch

Ein Bild von einem Blog Wenn jemand in den Fünfzigern oder Sechzigern in Hochdorf im Kanton Luzern Schokoladenosterhasen in seinem Laden verkaufen wollte, dann ging er zu Albert. 1977 schloss seine Produktion. Ein Jammer für seine Enkelin Barbara, dass sie erst ein Jahr später zur Welt kam. Sie hörte die Geschichten aus dem Schokoparadies nur von ihrer Mutter. Und war beeindruckt. So sehr, dass Barbara schon als Kind alleine gebacken hat und Kochbücher wie andere Comics las. Mittlerweile ist Barbara erwachsen und Journalistin, keine Confiseurin.

Die Liebe zu Kochen und Backen ist geblieben, die zu Fleisch und Fisch längst Vergangenheit. Dafür ist die zu Pirmin dazugekommen. Gemeinsam mit ihm bloggt sie seit drei Jahren auf *Albertines*. Das heißt, sie kocht. Er, der Illustrator, zeichnet zu den Rezepten. In ihrer gemeinsamen Küche aus den Fünfzigern, in der schon Opa Albert gekocht haben könnte, gibt es im Winter eine wärmende Maroni-Steinpilzsuppe mit selbst angesetzter Gemüsebrühe, im Sommer Omelett mit frischem Bärlauch. Denn bei *Albertines* landet nichts auf dem Tisch, was nicht Saison hat. Das Schönste am Blog sind aber auch Barbaras Berichte zu jedem Rezept, vor allem die Reiseartikel aus Kambodscha, Südafrika oder Thailand, die, logisch, am Ende immer mit Essen zu tun haben.

Q+A

Welches Gewürz benutzt ihr am häufigsten?
Barbara: Ohne Pfeffer geht gar nichts. Am liebsten Kampot-Pfeffer aus Kambodscha.
Pirmin: Wahrscheinlich Kampot-Pfeffer, Salz und Salbei.

Was ist euer Lieblingsgemüse bzw. -obst?
Barbara: Äpfel und Tomaten. Nichts macht so glücklich wie ein Teller Pasta mit Tomatensauce.
Pirmin: Heute Granatäpfel, weil ich gerade frische auf dem Tisch liegen habe.

Was ist das Ausgefallenste, was ihr je gegessen habt?
Barbara: Tibetische Momos in einem Strandlokal in Goa, mit Blick aufs Meer.
Pirmin: Das Kurioseste war ein vietnamesisches Suppengericht in einem Restaurant in Phnom Penh mit drei Sorten Gemüse, die ich nie zuvor gesehen habe.

Welche Länderküche magst du am liebsten?
Barbara: Ich schwanke zwischen Italien und Indien.
Pirmin: Gegen die italienische Küche traut sich niemand, etwas zu sagen. Dort stimmt einfach vieles, angefangen bei der richtigen Auswahl an Zutaten über die Menge an Gewürzen bis hin zur Reihenfolge der Gerichte.

Was esst ihr zum Frühstück?
Barbara: Müsli mit Früchten.
Pirmin: Der türkische Brunch ist mein Favorit.

Wen würdet ihr gerne einmal bekochen?
Barbara: Heidi Swanson von *101 Cookbooks*, einer der ersten Blogs, dem ich gefolgt bin.
Pirmin: Die Sopranos.

CHEESECAKE IM GLAS MIT ORANGEN

ZUBEREITUNG

Die Orangen waschen und von der unbehandelten mit einem Sparschäler sechs Streifen Schale abziehen. Diese auf die Seite legen. Die Orangen filetieren, dabei den Saft auffangen. Die Orangenfilets in eine Schüssel oder einen Suppenteller legen. Den entstandenen Saft mit dem Zucker, den Gewürzen und Orangenzesten in einem kleinen Topf kurz aufkochen, bis sich der Zucker aufgelöst hat. Den Saft mit den Gewürzen und der Schale über die Orangen gießen. Vorsichtig umrühren. 2–3 Stunden (oder mehr) zugedeckt ziehen lassen.

Den Ofen auf 180 °C Ober-/Unterhitze vorheizen. Für den Crumble Mehl, Mandeln, braunen Zucker und Vanillezucker mischen und mit der Butter zerkrümeln. Auf ein mit Backpapier belegtes Blech geben und auf der mittleren Schiene 25–30 Minuten goldgelb backen (je nach Ofen geht das auch schneller). Abkühlen lassen.

Für die Füllung Quark und Vanillemark vermischen. Zitronenschale und -saft dazugeben. Die Sahne steif schlagen und unter die Quarkmasse heben. Das Eiweiß steif schlagen, den Zucker beigeben und alles zu einer glänzenden Masse verquirlen. Den Eischnee sorgfältig unter die Quarkmasse ziehen.

Den Crumble in die Gläser verteilen, die Quarkmasse mit einem Löffel (Perfektionisten verwenden einen Spritzbeutel) daraufgeben und mit den Orangenschnitzen (ohne Saft und Gewürze) belegen. Jedes Glas mit einem Sternanis dekorieren. Bis zum Servieren kühl stellen.

ZUTATEN

Für 6 Marmeladengläser (à 250 ml)

Für das Topping

3 Orangen, davon 1 unbehandelt

1 EL brauner Zucker

2 Nelken

1 Kardamomkapsel, zerquetscht

1 Zimtstange

1 Sternanis plus 6 weitere zum Dekorieren

Für den Crumble

75 g Mehl

30 g gemahlene Mandeln

75 g brauner Zucker

2 Pck. Vanillezucker

30 g kalte Butter, in Stücken

Für die Füllung

125 g Speisequark (40 %)

das Mark von 1 Vanilleschote

Schale und Saft von ½ unbehandelten Zitrone

250 g Schlagsahne

2 Eiweiß

40 g Zucker

»Das Grundrezept für den Cheesecake im Glas stammt von der Kochbuchautorin Myriam Zumbühl. Das Früchte-Topping verändern wir je nach Saison. Im Frühling passt ein Rhabarber-Erdbeer-Kompott. Die Variante mit Orangen und Gewürzen ist schön weihnachtlich-winterlich.«

GEFÜLLTE KARTOFFELN MIT ZIEGEN-FRISCHKÄSE UND LINSEN

ZUTATEN

Für 4 Personen

4–8 festkochende Kartoffeln
(je nach Größe pro Person 1–2)

100 g grüne Linsen
(oder 200 g bereits gekochte)

etwas Olivenöl

Salz

Pfeffer

½ Knoblauchzehe
(je nach Belieben)

200 g Ziegenfrischkäse

3–4 EL Milch

8 Stängel Schnittlauch,
grob gehackt

100 g gemischter Pflücksalat
(z. B. Feldsalat, Asia-Salate,
Portulak, Sprossen), geputzt

½ (marmorierte) Rote Bete,
geputzt und in
dünne Scheiben oder
Stäbchen geschnitten

Für das Dressing

1 TL Senf

1 TL Tahini

1 EL Olivenöl

2 EL Apfelessig

Salz

Pfeffer

etwas frischer Meerrettich

ZUBEREITUNG

Die Kartoffeln mit der Schale weich kochen. Die grünen Linsen nach Packungsangabe kochen. Linsen abtropfen lassen und dann in einer kleinen Schüssel mit etwas Olivenöl, Salz und Pfeffer würzen. Nach Belieben die Knoblauchzehe dazupressen.

Den Ziegenfrischkäse mit der Milch verrühren, Schnittlauch dazugeben, mit Salz und Pfeffer abschmecken. Alle Zutaten für das Dressing miteinander verrühren und abschmecken.

Jede Kartoffel der Länge nach aufschneiden, sodass sie aufklappt, und auf vier Teller verteilen. Die Kartoffeln mit der Ziegenfrischkäse-Mischung füllen und die Linsen darübergeben. Etwas frischen Meerrettich über die Füllung reiben und Pflücksalat um jede Kartoffel verteilen. Den Salat mit der Roten Bete garnieren und mit dem Dressing beträufeln.

»Bei Linsen oder Kartoffeln lohnt es sich immer, etwas mehr als benötigt zu kochen. Aus den Resten gibt es Bratkartoffeln oder Rösti. Die Linsen passen in einen Salat oder in eine Tomatensauce.«

WHAT SHOULD I EAT FOR BREAKFAST TODAY?

What Should I Eat For Breakfast Today?

Marta Greber
Berlin, Deutschland
www.whatshouldieatforbreakfasttoday.com

Wo guter Morgen besser schmeckt Langschläfer bzw. Nachtaktive kennen die Tortur: aufstehen. Früh aufstehen. Überhaupt aufstehen. Die Liste an Gelegenheiten, für die es sich lohnt, ist überschaubar: Ein Flug nach Los Angeles im deutschen Winter gehört dazu, ein Besuch auf dem Flohmarkt, eine Einladung zum Frühschoppen. Oder ein hammergutes Frühstück. Zum Beispiel eines von Marta Greber vom Blog *What Should I Eat For Breakfast Today?* Die tagesentscheidende Frage beantwortet die gebürtige Polin, die seit drei Jahren (und nach Abstechern nach Australien, Amsterdam oder Asien) in Berlin lebt, mal mit einem hausgemachten Pitabrot, gefüllt mit Quinoa, Spargel und Avocado. Mal mit etwas Süßem wie Zimtpizza mit Früchten oder Schokorisotto mit Birne. Und an einem anderen Tag mit Herzhaftem wie Gorgonzola-Birnen-Tarte. Aber auch Basisrezepte werden auf dem englischsprachigen Blog berücksichtigt. Etwa solche für Brot, Müsliriegel oder Shakes. Marta, die vor ihrem Leben als Foodbloggerin und Fotografin als Anwältin gearbeitet hat und sich meistens auf dem Weg zur Arbeit irgendetwas zum Frühstücken kaufte, hat seit zwei Jahren noch einen Grund mehr zum frühen Aufstehen: ihre kleine Tochter Mia.

PS: Alle, die nach einer langen Nacht absolut küchenuntauglich sind, klicken sich durch die Berlin-, Lissabon-, Sydney- oder Barcelona-Guides und suchen eine der empfohlenen Locations auf. In Berlin, wo bis kurz vor dem *Tatort* noch Eggs Benedict gegessen werden, gibt es davon besonders reichlich.

Q+A

Welches Essen lieben alle Kids?
Porridge mit Banane, zumindest meins. Auch Shakes sind toll, vor allem Gemüse-Früchte-Kombinationen.

Was ist das Ausgefallenste, was du je auf Reisen gegessen hast?
Beijing Ente. Ich wollte die schon immer mal probieren. Also bin ich zu diesem besonderen Lokal in Peking. Die Ente war unglaublich lecker, und ich mochte auch das Ritual, wie man sie isst.

Was isst du, wenn es dir nicht gut geht?
»Racuchy«, polnische Pfannkuchen mit Apfelscheiben drin.

Was ist dein Lieblingsobst- bzw. Gemüse?
Äpfel. Obwohl ich ein bisschen allergisch dagegen bin, esse ich sie kiloweise.

Was macht ein gutes Foodfoto aus?
Gutes Essen. Es muss köstlich und verführerisch aussehen, das ist schon der ganze Trick.

Was ist dein Lieblingsrestaurant in deiner Heimatstadt?
Ich liebe Umami in Berlin. Es erinnert mich an meine Asienreisen, hat ein wunderschönes, einzigartiges Interieur und eine sehr gute indonesische Küche.

GEBACKENE AVOCADO

ZUBEREITUNG

Die Avocado halbieren, den Kern entfernen und ein bisschen von der Avocado drum herum, damit ein Ei hineinpasst. Die Eier trennen. Je ein Eigelb mit einem Löffel in der Avocadohälfte platzieren. Darüber ein wenig Eiweiß geben. Mit Salz und Pfeffer würzen.

Den Ofen auf 180 °C Ober-/Unterhitze vorheizen. Die Avocadohälften in eine Auflaufform geben. Für 15–20 Minuten backen, bis das Eiweiß stockt.

In der Zwischenzeit die Wurst in kleine Stücke schneiden und in 1 Esslöffel Öl anbraten.

Wenn die gebackene Avocado fertig ist, auf einem Teller anrichten, Wurst und Kresse darübergeben, abermals mit Salz und Pfeffer würzen und mit dem Brot, das kurz in einer Pfanne mit dem Olivenöl und den Kräutern geröstet wurde, servieren.

ZUTATEN

Für 2 Personen

1 Avocado

2 Eier

Salz

Pfeffer

1 Wurst

1 EL neutrales ÖL

Kresse

1 EL Olivenöl mit Kräutern (was man gerade so da hat)

2 Scheiben Brot

»Avocado liebe ich schon immer. Ich esse sie gerne pur mit einem Löffel. Aber dieses Rezept hier ist eine besondere Art, sie zuzubereiten.«

RICOTTA-BLAUSCHIMMEL-KÄSE-DIP

ZUTATEN

Für 2–4 Personen

250 g Ricotta

1 Ei

1 EL Rosmarin

ein paar Blätter Basilikum

1 EL Blauschimmelkäse

2 EL Olivenöl

1 Prise Salz

1 Prise Pfeffer

1 Handvoll Radieschen, geputzt

Brot

ZUBEREITUNG

Den Ofen auf 180 °C Ober-/Unterhitze vorheizen und eine kleine Auflaufform mit etwas Olivenöl einstreichen.

In einer mittelgroßen Schüssel Ricotta, Ei, Kräuter, Blauschimmelkäse (in Stückchen), Salz und Pfeffer mischen. Den Käsemix in die Auflaufform füllen.

Die Radieschen auf ein Backblech legen, mit Olivenöl bespritzen und mit Salz und Pfeffer bestreuen.

Beides für 20–25 Minuten backen.

Den Ricotta aus dem Ofen nehmen, 2 Minuten abkühlen lassen.

Mit gebackenen Radieschen und Brot servieren.

»Ich mag es, wenn das Frühstück lecker und gleichzeitig leicht zuzubereiten ist. So wie dieser Dip. Er sollte übrigens warm serviert werden – mit Radieschen, die durchs Rösten süß und saftig schmecken.«

Splendido Magazin

Juri Gottschall & Mercedes Lauenstein

München, Deutschland
www.splendido-magazin.de

Plädoyer gegen Mengenangaben Was das *Splendido Magazin* primär von anderen Foodblogs abhebt: Jedes Rezept ist ein Fließtext, der sich den Eigenheiten der einzelnen Komponenten widmet, anstatt sie stur in Mengenangaben aufzulisten. Die Bilder dazu zeigen, wie im Restaurant, das Gericht auf dem Teller, frei von Dekoflanken. Nur der Untergrund, der ist oft farbig. Hinter *Splendido* stecken die Autorin Mercedes Lauenstein (alias Blanca Nero) und der Fotograf Juri Gottschall (alias Georg Taube). Weil das Paar abwechselnd in München, der italienischsten Stadt Deutschlands, und in ihrer Zweitwohnung nicht weit vom Gardasee lebt, liegt die Affinität für die Cucina Italiana nah. An der schätzen beide den puren Einsatz von Zutaten, die so hochwertig sind, dass es nicht viel braucht. Wie Radicchio, dem zu Unrecht unterschätztesten Gemüse hierzulande. Blanca Nero und Georg Taube machen daraus ein Gericht, »so simpel, dass selbst das Öffnen eines Tiefkühlpizzakartons und das Rausfriemeln der Pizza aus seiner Plastikhülle mehr Arbeit bedeuten würde«: mit Parmesan überbackener Radicchio. Danach ist garantiert noch Platz im Bauch für einen Zitronenkuchen, der dank Kartoffelstärke schön saftig ist und schlechte Laune mit jedem Bissen eliminiert – wahrhaftig eine »Torta Paradiso«. »Wir richten uns an Menschen, die Kochgrundkenntnisse haben. Und weil wir selbst nicht nach Rezepten kochen, wollen wir mit unseren Gerichten eher inspirieren als dozieren«, sagt Juri. In Zukunft will *Splendido* den Phänomenen der Esskultur noch mehr Platz einräumen. Damit schlägt der Blog genau in die Kerbe, die tolle Nischenmagazine in den letzten Jahren geprägt haben. Und das ist schon ziemlich – splendido!

Q+A

Was esst ihr zum Frühstück?
Juri: Brot oder Croissant mit Butter und Marmelade. In Italien auch gerne Pistaziencreme.
Mercedes: Cappuccino.

Pizza essen gehen oder selber machen?
Eigentlich am liebsten bei einem leidenschaftlichen Pizzabäcker essen gehen. Leider ist das in Deutschland oft schwierig. Seit wir selbst einen Holzofen haben, gehen wir seltener in die Pizzeria.

Was ist das Beste, was ihr je auf Reisen gegessen habt?
Rigatoni mit einer Sauce aus nichts als Butter und drei unterschiedlich lang gereiften Parmesan-Sorten verschiedener Kuhrassen. Eigentlich einfach, aber ein perfekt komponiertes Kunstwerk.

Welche Zutat findet ihr am vielseitigsten?
Definitiv Milch. Daraus kann man Butter, Crème fraîche, Joghurt, Quark, Ricotta, Molke und natürlich unendlich viele verschiedene Käsesorten machen.

Exotisch oder regional?
Möglichst regional.

Süß oder salzig?
Beides natürlich. Und scharf, sauer und bitter auch noch.

VERBRANNTE ERDE

Wer das Foto hier betrachtet und dabei denkt, dass aus Versehen die Farben vertauscht wurden oder ein Schwarz-Weiß-Film in der Kamera eingelegt war, liegt falsch. Denn diese Tortelli sind aus Grano Arso, einer der unzähligen Weizenspezialitäten aus Italien. Grano, der Weizen, wird zu Mehl gemahlen und dann über dem Feuer geröstet – arso heißt nichts anderes als verbrannt –, bis er eine dunkelbraune, fast schwarze Farbe annimmt. Das sieht zunächst erst mal spektakulär aus, die eigentliche Sensation ist aber sein Geschmack. Denn mit Weizen, wie man ihn kennt, hat er so gut wie gar nichts mehr zu tun. Er schmeckt nach Erde, nach Holz und Wald und Lagerfeuer und Heu. Eigentlich genau so, wie es oft im Herbst auf Bauernhöfen riecht, wenn irgendwo auf einer großen Wiese gerade mal wieder auf einem Haufen Äste und Blätter verbrannt werden. Tatsächlich ist diese Spezialität auch so ähnlich entstanden: Apulische Tagelöhner sammelten von den abgebrannten Weizenfeldern der Grundbesitzer auf, was sie dort noch an Korn finden konnten, und verarbeiteten es zu Mehl für ihre Speisen weiter.

Verwenden kann man den geräucherten genauso wie den normalen Weizen. Also zum Beispiel in Form von frischem Nudelteig. Dieser wird meist aus einer Mischung von Grano Arso und hellem Weizen zubereitet, in verschiedenen Rezepten liest man von ungefähr einem Viertel Grano Arso. Wir haben mehr benutzt, ungefähr drei Viertel. Der Geschmack ist dann aber auch wirklich sehr intensiv.

Ist das Mehl mit Eiern und etwas Salz zu einem geschmeidigen Teig verknetet, kommt dieser in Folie gewickelt für eine halbe Stunde in den Kühlschrank. In dieser Zeit verbinden sich Mehl und Feuchtigkeit zu einer homogenen Masse und können später noch dünner ausgerollt werden.

Währenddessen bereiten wir die Füllung zu. Diese besteht lediglich aus Tomaten, Kapern und Ricotta. Wir pürieren getrocknete, in Öl eingelegte Tomaten zusammen mit Ricotta und schmecken das Ganze mit reichlich Salz und Pfeffer ab (Nudelfüllungen sollten immer ein bisschen über-würzt sein). Etwas fein geriebenen Parmesan dazu, für Geschmack und Konsistenz. Die Kapern hacken wir nur grob und mischen sie dann dazu. Sie sollen später in der Füllung noch zu erkennen sein.

Dann rollen wir den Nudelteig so dünn wie nur möglich aus. Das funk-tioniert sehr gut mit dem verwendeten Mehl, da es gute Klebeeigen-schaften besitzt. Die hauchdünnen, gefüllten Nudeln werden sofort für wenige Minuten in heißem Wasser gegart und dann mit Butter, Parmesan und ein wenig gehacktem Schnittlauch serviert. Der Geschmack ist unglaublich. Die fruchtige Füllung bildet den perfekten Gegensatz zum pikanten, fast rauchigen Teig. Die Butter verbindet beides aufs Vorzüglichste. Und optisch sind sie sowieso der Wahnsinn.

ROHE ARTISCHOCKEN

Kenner wissen, dass auf unserer Website eine überbordende Liebe zur Artischocke herrscht. Wir haben sie schon in einer Lasagne zubereitet, in Tortelli gefüllt, klassisch alla romana zubereitet und aus ihren Blättern einen Limonaden-Sirup gekocht. Wir haben sie pur mit frischen Tagliatelle kombiniert, in eine einzige Riesennudel gefüllt und die kleinsten Exemplare mit Zitrone und Minze verarbeitet. Wer sich all diese Gerichte auf unserer Seite ansieht, stellt schnell fest: Artischocken sind eines der vielseitigsten Gemüse, die man in der Küche verarbeiten kann. Es gibt sie in unzähligen Varianten von klein bis riesig und sie sind mittlerweile fast das ganze Jahr über erhältlich. Noch dazu sind Artischocken außerordentlich gesund. Sie werden in Tablettenform gegen allerlei Leiden von Leber und Galle verkauft.

Was hierzulande kaum jemand weiß: wie gut die Artischocke schmeckt, wenn sie roh im Salat serviert wird. Das muss dringend geändert werden. Denn so ein roher Artischockensalat ist irre schnell gemacht, schmeckt wirklich außergewöhnlich und ist mit seinem großen Anteil an Bitterstoffen wahrscheinlich die beste Vorbereitung, die man einem hungrigen Körper vor dem Abendessen servieren kann.

Wir haben für diesen Salat kleine Artischocken benutzt. Erstens weil sie schneller vorzubereiten und zweitens weil sie zarter und gerade deshalb für die rohe Verwendung besser geeignet sind. Empfehlenswerte Sorten sind zum Beispiel die Petit violet oder auch die berühmten Carciofi spinosi aus Sardinien. Man präpariere das Gemüse so, dass nur noch das zarteste Innere des Herzens übrig ist. Während man für gekochte oder gebratene Artischocken immer gerne noch mindestens ein Stück des delikaten Stiels behält, beschränkt man sich bei dieser Variante wirklich nur auf das weiße Fleisch. Alles andere wäre zu zäh. Das produziert viel Abfall, lohnt sich aber. Wem es um die Blätter und Stiele leidtut, kann sie in Wasser zu einem Fond auskochen, der später entweder leicht gewürzt als klare Brühe durchgeht oder zum Angießen eines Risottos verwendet werden kann.

Die ausgelösten Herzen kommen sogleich in eine Schale voll Zitronenwasser, damit sie an der Luft nicht verfärben. Danach werden sie in hauchdünne Scheiben geschnitten. Auf dem Foto sieht man das Ergebnis von ungefähr drei Artischocken. Das ergibt eine gute Portion. Man sollte also lieber zu viel als zu wenig einkaufen. Ergänzt haben wir das Gemüse mit etwas Rucola und Radicchio, die haben eine ähnliche Geschmacksrichtung und verstehen sich naturgemäß gut mit dem Gemüse. Dann noch ein paar Blätter Petersilie oder Minze dazu, kräftig mit Pfeffer und Salz würzen und mit reichlich bestem Olivenöl und ein paar Spritzern hellem Balsamessig servieren. Wer mag, hobelt noch hauchdünn Parmesan darüber.

EAT THIS!

Eat This!

Nadine Horn & Jörg Mayer
Ulm, Deutschland
www.eat-this.org

100 % vegan, null Verzicht Frische Petersilie, Sriracha-Sauce, eine Dose Bohnen bzw. Kichererbsen, Pflanzenmilch und Currypaste: Diese fünf Essentials haben Nadine und Jörg von *Eat This!* so gut wie immer zu Hause, um spontan etwas damit zu kochen. Zum Beispiel ein scharfes Spinat-Kichererbsen-Curry, Hummus aus weißen Bohnen oder Taboulé aus einem dicken Bund Petersilie. So viel zu den Standards. Spannender wird es, wenn Nadine und Jörg eingekauft haben. Dann zeigt das Paar, was die vegane Küche außer einfältigen Ersatzprodukten zu bieten hat. Am liebsten ist das Ergebnis Streetfood-inspiriert. Kostprobe gefällig? Wie wäre es mit einem Kohlrabischnitzel-Sandwich. Alternativ einem Sushi-Burrito mit Vollkornreis, Misoaubergine oder Austernpilzen. Oder aber Spargeltacos mit Maissalsa und Avocadocreme. Das Wasser läuft langsam im Mund zusammen? Dann sollten Sie erst mal die Fotos sehen! Die sind so brillant, dass man sich sofort wünscht, *Eat This!* würde augenblicklich ein veganes Restaurant aufmachen. Und zwar mit genau jenen Schalen und Tellern, die Nadine selbst getöpfert hat. Wie gesagt: Wunschdenken. Momentan arbeiten Nadine und Jörg als selbstständige Grafikdesigner und Webworker. Dem kommt zugute, dass beide von ihrer gemütlichen Dachwohnung aus arbeiten und sich ganz zufällig in einer ruhigen Minute in die Küche verirren können. Geschickt eingefädelt!

Q+A

Was ist das Ausgefallenste, was ihr je auf Reisen gegessen habt?
Uff, da fällt uns die Entscheidung echt schwer. Lass uns auf etwas ganz Simples und Einfaches einigen: frisch gegrillte, rauchige Gemüsetapas. Dazu wunderbares Wetter.

Welche Zutat findet ihr am vielseitigsten?
Auf alle Fälle frische Kräuter. Es gibt wirklich kein Gericht, welches nicht durch etwas frische Petersilie, Koriander oder Basilikum noch besser wird.

Was esst ihr zum Frühstück?
Das ist total unterschiedlich. Manchmal ruft der Appetit nach süßen oder herzhaften Porridges, manchmal muss es einfach ein Brötchen mit frischen Gurken sein.

Was ist euer Lieblingsdrink?
Da sind wir ganz einfach. Nadine ist Tee-Tante, Jörg liebt Kaffee. Und zum Essen darf es dann Wein oder Bier sein.

Wie sauber ist eure Küche nach dem Kochen?
Eigentlich ziemlich sauber. Wir sind ziemlich diszipliniert, was das Wegräumen während des Kochens angeht – das lernt man zwangsläufig in einer kleinen Küche.

Welches ist euer Lieblingsrestaurant in eurer Stadt?
Wir sind in Ulm Stammgäste in einem kleinen, supergemütlichen Thai-Restaurant namens Singha. Wir müssen nicht mal mehr bestellen, wenn wir zur Tür hereinspazieren.

ROTES CURRY

ZUTATEN

Für 4 Portionen

Für die Currypaste

2 TL Koriandersamen

1 TL Kreuzkümmelsamen

½ TL schwarzer Pfeffer

3 Schalotten, grob gehackt

4 getrocknete lange Chilischoten (alternativ frische milde rote Chili), grob gehackt

4 Knoblauchzehen, grob gehackt

3 Korianderwurzeln, grob gehackt

2 Kaffirlimettenblätter, in feine Streifen geschnitten

1 EL gehackter Galgant oder Ingwer

3 TL Meersalz

¾ EL Misopaste

Außerdem

2 EL Erdnussöl

600 ml Kokosmilch

1 Karotte, in dünne Scheiben geschnitten

1 rote Paprika, in 5 mm dicke Streifen geschnitten

100 g thailändische Erbsen-auberginen (ersatzweise in Würfel geschnittene Aubergine)

200 g Tofu, gewürfelt

100 g Zuckerschoten

100 g Sojasprossen

½ Bund Koriander

½ Bund Thai-Basilikum

ZUBEREITUNG

Für die Currypaste Koriandersamen, Kreuzkümmelsamen und schwarzen Pfeffer im Mörser grob zermahlen. Alle Zutaten, außer der Misopaste, in einem großen Mörser oder in der Küchenmaschine zu einer feinen Paste pürieren. Anschließend die Misopaste unterrühren.

Die Currypaste hält sich in einem dicht verschlossenen Behälter mindestens 14 Tage im Kühlschrank.

Das Öl in einen heißen Topf geben, 4 Esslöffel Currypaste darin bei mittlerer bis hoher Hitze 2 Minuten unter Rühren anrösten. Mit 200 ml Kokosmilch ablöschen. Unter Rühren 2 Minuten köcheln lassen, anschließend die übrige Kokosmilch unterrühren.

Karotten, Paprika und Auberginen unterheben und bei niedriger bis mittlerer Hitze 6 Minuten mit geschlossenem Deckel köcheln lassen. Tofu und Zuckerschoten hineingeben, vorsichtig umrühren und weitere 4 Minuten garen lassen. Sprossen unterheben und 1 Minute erwärmen.

Mit gezupftem Koriandergrün und Thai-Basilikum garnieren und zu Jasminreis servieren.

»Wir lieben Currys und stehen ganz besonders auf die scharfen thailändischen Versionen. Aber keine Angst, unser Thai Curry mit Tofu schmeckt auch mit etwas weniger Schärfe superlecker.«

GOOD LIFE BOWL MIT MAIS UND RÄUCHERTOFU

ZUBEREITUNG

Den Reis in der 1 ½-fachen Menge Wasser 1 Minute mit geschlossenem Deckel sprudelnd aufkochen. Anschließend den Herd auf die niedrigste Stufe stellen und den Reis 45 Minuten garen lassen.

Das Öl in eine heiße Pfanne geben, Mais und Tofu bei mittlerer bis hoher Hitze 10 Minuten braten. Nach 5 Minuten wenden und mit 1 Teelöffel Salz würzen.

Das Rotkraut mit dem übrigen Salz und dem Essig vermischen, mit den Händen »einmassieren« und beiseite stellen.

Für das Dressing alle Zutaten gut miteinander vermischen.

Reis, Mais, Tofu, eingelegtes, abgetropftes Rotkraut, Karottenraspel, Gurken- und Radieschenscheiben und Feldsalat in Schalen anrichten, mit Granatapfelkernen und je 1 Esslöffel Nusskernmischung toppen und mit Dressing und Zitronenspalten servieren.

»Good Life Bowls sind ein perfektes und vor allem abwechslungsreiches Powerfood. Heute mal mit leckerem Mais, würzigem Räuchertofu und einem cremigen Ingwer-Tahini-Dressing.«

ZUTATEN

Für 4 Portionen

Für die Bowl

200 g Vollkorn-Naturreis

4 EL Olivenöl

2 Maiskolben (à ca. 200 g), in grobe Stücke zerteilt

200 g Räuchertofu, in 5 mm dicke Scheiben geschnitten

2 TL Salz

150 g Rotkraut, in feine Streifen geschnitten

3 EL Rotweinessig

1 große Karotte, fein geraspelt

½ Salatgurke, in feine Scheiben geschnitten

4 Radieschen, in feine Scheiben geschnitten

2 Handvoll Feldsalat, geputzt

½ Granatapfel, die Kerne ausgelöst

4 EL Nusskernmischung

1 Zitrone, in Spalten geschnitten

Für das Dressing

1 ½ TL geriebener Ingwer

4 EL Tahini

Saft von ½ Zitrone

4 EL Olivenöl

2 TL Reissirup

2 EL Wasser

1 TL Salz

½ TL grob gemahlener schwarzer Pfeffer

Zwei Männer mit Geschmack Während die Sterneküche ein männerdominiertes Geschäft ist, verhält es sich mit dem Foodblogging genau anders herum. Im Netz gehören die Herren noch zu einer raren Gattung und treten, wenn überhaupt, meist im Doppelpack mit einer weiblichen Begleitung auf, wie dieses Buch ausreichend demonstriert. Diese Herren hier steigern die Männerquote gleich doppelt. *Die Jungs kochen und backen* ist der gemeinsame Foodblog von Sascha und Torsten Wett aus Köln. Die Wetts sind verheiratet und im Vertrieb tätig. In der freien Zeit okkupieren sie jedoch ihre geräumige Masterküche zum kontemplativen Kochen und Backen. Beides gehört für sie so fest zusammen wie ihre Heimatstadt Köln und der Karneval. Wobei in letzter Zeit die Lust auf Süßes überwiegt, sagen sie. Insbesondere wenn die Backkreationen von den USA inspiriert sind. Wie die Whiskey-Schoko-Cupcakes, die Saschas männliche Familie, allesamt Whiskey-Liebhaber, beeindruckten (und eine Seite weiter aufgelistet werden). Charakteristisch für Köln ist übrigens auch, immer einen lockeren Spruch auf den Lippen zu haben. Und dass Torsten und Sascha auch solche in petto haben, zeigen ihre sympathischen TV-Auftritte im WDR, wo sie locker-fluffig wie Biskuitteig vor der Kamera Rezepte vorkochen, die wirklich jeder nachmachen kann.

Die Jungs kochen und backen

Sascha & Torsten Wett
Köln, Deutschland
www.diejungskochenundbacken.de

Q+A

Welche Zutat findet ihr am vielseitigsten?
Da fällt uns Balsamico ein, denn er kann sowohl für Herzhaftes – zum Beispiel, um dunklen Saucen das gewisse Etwas zu geben – als auch für Desserts verwendet werden.

Was ist das älteste Stück in eurer Küche?
Das Nudelholz von Torstens Urgroßmutter, das wir heute noch benutzen und das schier unzerstörbar ist.

Was kocht ihr eurem Liebsten?
Da wir ja immer gemeinsam kochen, stellt sich diese Frage eher selten und unsere Geschmäcker ähneln sich dann doch viel zu sehr.

Was ist das Ausgefallenste, was ihr je auf Reisen gegessen habt?
Zur Hochzeit haben wir von unseren Freunden einen Besuch in einem Sternerestaurant in Barcelona, unserer Lieblingsstadt, geschenkt bekommen. Dort gab es sehr verrückte Leckereien, unter anderem ein »Goldenes Ei« und Holztaube.

Was esst ihr, wenn es euch nicht so gut geht?
Etwas Deftiges wie Rouladen oder Gulasch, danach geht's uns beiden immer besser! Und auf jeden Fall noch etwas Süßes hinterher.

DIE JUNGS KOCHEN UND BACKEN

WHISKEY-SCHOKO-CUPCAKES

ZUTATEN

Für ca. 12 Cupcakes

Für den Teig

130 g Margarine

130 g Zucker

2 Eier (Größe L)

250 g Weizenmehl (Type 405)

60 g Kakaopulver

½ TL Salz

8 g Backpulver

1 TL Natron

50 g Sahne

70 ml Whiskey

Für das Topping

2 Pck. Schokoladenpudding

6 EL Zucker

750 ml Milch

200 g Butter

2 EL Puderzucker

und noch mehr Puderzucker und etwas Whiskey für den Guss

ZUBEREITUNG

Den Schokoladenpudding nach Packungsangabe mit der reduzierten Menge an Milch (750 ml) zubereiten, dann auf Zimmertemperatur abkühlen lassen (evtl. am Vortag erledigen). Wenn der Pudding mit Frischhaltefolie dicht abgedeckt wird, bildet sich keine Haut!

Für die Cupcakes den Ofen auf 170 °C Ober-/Unterhitze vorheizen. Die Margarine mit dem Zucker schaumig schlagen. Die Eier nach und nach unterrühren.

In einer Schüssel Mehl, Kakao, Salz, Backpulver und Natron mischen. In einer weiteren Schüssel die Sahne mit dem Whiskey verquirlen. Die beiden Mischungen dann abwechselnd unter die Margarinemasse rühren. Mit den trockenen Zutaten enden.

Ein Muffinblech mit Förmchen auskleiden und den Teig in die Vertiefungen geben. Für ca. 16 Minuten im vorgeheizten Ofen backen und auf einem Kuchengitter abkühlen lassen.

In der Zwischenzeit das Topping zubereiten. Dafür müssen Butter und Pudding auf jeden Fall Zimmertemperatur haben.

Die Butter schaumig schlagen, bis sie weiß geworden ist. Unterdessen den Pudding mit einem Schneebesen gründlich aufrühren. Den Pudding portionsweise und nicht zu schnell unter die Buttermasse rühren. Die Buttercreme in einen Spritzbeutel füllen und die Muffins verzieren.

Aus Puderzucker und etwas Whiskey einen flüssigen Guss anrühren und die Muffins damit beträufeln.

»Wir zwei sind ja kleine Whiskey-Fans und lieben Schokolade ganz besonders. Was liegt da näher, als beides miteinander in einem leckeren Cupcake zu vereinen?!«

ENTENBRUST VON DER BARBARIE-ENTE AN BERGKÄSE-RISOTTO UND ERBSENPÜREE

ZUBEREITUNG

Entenbrust Die Haut der Entenbrust mit einem scharfen Messer kreuzweise einschneiden. Dabei darauf achten, dass das Fleisch nicht eingeschnitten wird. Von beiden Seiten salzen. Die Brust mit Knoblauch, Rosmarin und Butter in einen Vakuumierbeutel geben und luftdicht mithilfe eines Vakuumierers verschließen. Im Sous-vide-Garer das Wasser auf 57 °C erhitzen und die Brust im Beutel für 2 Stunden darin garen. Die Brust aus dem Beutel nehmen und trocken tupfen. In einer erhitzen Pfanne die Hautseite bei mittlerer Temperatur schön knusprig braten. Anschließend in Alufolie verpackt für 3 Minuten ruhen lassen und dann tranchieren.

Jus Den Entenfond in einem kleinen Topf erhitzen und Knoblauch, Rosmarin und Schalotte hinzugeben. Den Fond zum Kochen bringen, dann die Temperatur reduzieren, sodass er nur noch sanft köchelt. Die Flüssigkeit so lange reduzieren, bis die Jus schon fast dickflüssig ist. Den Balsamico und die Schokolade dazugeben und zum Schluss noch ein Stück kalte Butter unterrühren. Mit Salz und Pfeffer abschmecken.

Risotto 10 g Butter in einem Topf zerlassen und die Schalotten andünsten. Den Risottoreis zufügen und unter Rühren glasig werden lassen. Mit Weißwein ablöschen und weiterrühren, bis der Wein fast aufgesogen ist. Unter ständigem Rühren etwas Gemüsefond zum Reis gießen. Sobald er fast vollständig aufgesogen ist, die nächste Portion Fond hinzugeben. Abschließend den Bergkäse und dann die Butter unterrühren.

Erbsenpüree Die Erbsen für ca. 10 Minuten in Wasser kochen und abgießen. Butter und Sahne zufügen und pürieren. Die Minze unterrühren und mit den Gewürzen abschmecken.

»Außen kross und innen schön rosig – so muss eine Entenbrust sein, und sous-vide gegart funktioniert das einfach perfekt. Dazu ein Risotto und Erbsenpüree mit der Frische der Minze. Eine tolle Kombination.«

ZUTATEN

Für 4 Personen

Für die Entenbrust

1 Entenbrust von der Barbarieente

etwas grobes Meersalz

1 Knoblauchzehe, geviertelt

2 Zweige Rosmarin

20 g Butterflocken

Für die Jus

400 ml Entenfond

1 Knoblauchzehe, halbiert

1 Zweig Rosmarin

1 Schalotte, geviertelt

1 EL Balsamico

30 g dunkle Schokolade (mind. 80 %)

15 g kalte Butter

Salz

Pfeffer

Für das Risotto

10 g Butter

1 kleine Schalotte, fein gewürfelt

150 g Risottoreis

200 ml Pino Grigio

300 ml warmer Gemüsefond

60 g Bergkäse, gerieben

20 g kalte Butter

Für das Erbsenpüree

300 g gefrorene Erbsen

1 EL Butter

2–3 EL Sahne

1 Zweig frische Minze, fein gehackt

Salz

Pfeffer

Muskat

Die Vegan Queen Sophia Hoffmanns Berufsleben ist so kunterbunt wie das Bild auf dieser Doppelseite. Gastrojobs, DJ-Gigs, Artikel für diverse Lifestylemagazine. 2011 kam das Bloggen dazu, damals eher als Personality-Blog. Über die Jahre gewann das Thema Food bei ihr an Fahrtwind – nicht nur online. Da wären einerseits zwei Kochbücher, Rezeptentwicklungen, Kochkurse, Live-Kochshows und ein eigener YouTube-Channel. Andererseits die Dinner-Abende mit kuriosen Mottos wie »David Bowie« oder »Game of Thrones«. An dieser Stelle muss gleich eingeschoben werden, dass veganes Essen bei Sophia trotz omnipräsenten Trendthemen wie Powerfood und Proteinversorgung niemals öde wird. Sondern ziemlich bunt, ziemlich verspielt und ziemlich cool. Kochen und Backen mit Gemüse, Gewürzen und Früchten ist für Sophia quasi so fantasievoll wie das Malen mit Farben. Das heißt konkret, Sophia macht ihre Mandelmilch selbst, formt püriertes Gemüse und Seitan in kompakte Wurstform und färbt Sour Cream aus Cashews mit Rotkohl lila ein. Nichtsdestotrotz ist sich Sophia auch für ein Rezept für Pizzabrötchen nicht zu schade, sondern schenkt ihnen als 90er-Jahre-Jugend-Revival eine fies-famose Berechtigung. Für ihr neues Buch *Vegan Queens* hat sich Sophia zehn Frauen aus ihrem Netzwerk geschnappt und mit ihnen Menüs kreiert. Denn wenn der gebürtigen Münchnerin eines so sehr am Herzen liegt wie Rote Bete, dann Feminismus. Nicht zu vergessen: Flüchtlingshilfe und Tierschutz, wofür ein Teil der Erlöse ihrer Dinner-Abende gespendet wird. Und weil Sophia nicht Sophia wäre, weiß sie schon, was sie noch reizt: »Die Eröffnung eines eigenen Restaurants würde ich nicht ausschließen.«

Sophia Hoffmann

Sophia Hoffmann
Berlin, Deutschland
www.sophiahoffmann.com

Q+A

Wen würdest du gerne einmal bekochen?
Ellen DeGeneres, weil sie eine große Inspiration für mich ist, und ich es toll finde, dass sie sich für die vegane Lebensweise engagiert. Für meine Eltern würde ich auch gerne häufiger kochen.

Was isst du, wenn es dir nicht gut geht?
Grießbrei. Den hat meine Mutter mir schon als Kind gemacht, wenn ich krank war. Mit Zucker und Zimt. Oder eine kräftige Gemüse-Pho.

Welches ist dein Lieblingsrestaurant in deiner Stadt?
Ich mag in Berlin: Let It Be, die Lab Kitchen, die No.58 Speiserei und Chaostheorie.

Wie sauber ist deine Küche nach dem Kochen?
Sehr sauber. Da bin ich ganz Profi: Ich räume schon auf, während ich koche.

Was ist das älteste Stück in deiner Küche?
Die Reise-Kaffeemühle meiner Urgroß-mutter, die noch hervorragend Kaffee mahlt. Der wandert dann in die Aeropress-Filterpresse.

Was ist dein Lieblingsgemüse bzw. -obst?
Am liebsten verarbeite ich Regionales wie Blumenkohl, Karotten, Rote Bete, Rotkohl, Äpfel. Ab und zu stehe ich auf Maracuja, Ananas, frische Kokosnuss, weiße Erdbeeren, Topinambur.

SOPHIA HOFFMANN

SAMTIGE ROTE-BETE-BROWNIES MIT HIMBEEREN

ZUBEREITUNG

Den Backofen auf 180 °C Ober-/Unterhitze vorheizen.
Falls das Kokosöl zu fest sein sollte, kurz erhitzen, bis es flüssig ist.

Die Haferflocken mithilfe einer Küchenmaschine oder einem Blender zu Mehl verarbeiten. Zur Seite stellen.

In der gleichen Maschine die Rote Bete, die abgetropften Bohnen, den Sirup, das Vanillemark, das Sojamehl und das Kokosöl zu einer homogenen Masse pürieren.

In eine Rührschüssel geben und Haferflockenmehl, Kakaopulver, Backpulver und Salz unterrühren. Am Ende die gehackte Schokolade unterziehen.

Die Browniemasse in eine gefettete oder mit Backpapier ausgelegte Brownieform geben und die Himbeeren in den Teig drücken.

Im vorgeheizten Backofen 35 Minuten backen, bis beim Stäbchentest nichts mehr kleben bleibt.

Abkühlen lassen, in kleine Stücke schneiden und mit Puderzucker bestäuben.

ZUTATEN

Für 12 Brownies

100 g Haferflocken

200 g Rote Bete,
vorgekocht und geschält

400 g weiße Bohnen
(265 g Abtropfgewicht),
vorgekocht

150 g Zuckerrübensirup

das Mark von 1 Vanilleschote

2 EL Sojamehl

40 g Kokosöl

5 EL Kakaopulver

1 TL Backpulver

1 Prise Salz

60 g dunkle Schokolade,
fein gehackt

eine Handvoll Himbeeren
(im Winter Tiefkühlware)

Puderzucker
zum Bestäuben

»Ich liebe Rote Bete. Das war nicht immer so. Ich musste fast 30 Jahre alt werden und einmal um die Welt reisen, bis ich begann, sie zu essen, zu verarbeiten und zu preisen. Dieses Rezept habe ich als Dessert für einen meiner Dinner-Abende entwickelt. Dort gab es ein monochromes Menü, sprich jeder Gang wurde in einer anderen Farbe serviert. Der Nachtisch war sanft errötet.«

ROTE SCHNECKEN MIT GRÜNKOHL-PEKANNUSS-SENF-FÜLLUNG

ZUTATEN

Für 20 Stück

Für den Hefeteig

300 g Weizenmehl

2 TL Salz

½ Würfel frische Hefe

200–250 ml Rote-Bete-Saft

Für die Füllung

1 Handvoll Pekannüsse

5 Stiele frischer Grünkohl
(100 g reine Blätter)

1 TL Räuchersalz

1 EL süßer Senf

1 EL Olivenöl

ZUBEREITUNG

Für den Hefeteig das Mehl mit dem Salz in einer Schüssel vermischen. Die Hefe darüberbröseln. Mit den Knethaken des Handrührgeräts oder einer Knetmaschine auf niedrigster Stufe vermengen. Nach und nach den Saft dazugeben. Der Teig sollte nicht zu feucht und nicht zu trocken, sondern gut elastisch sein. Gegebenenfalls noch etwas mehr Saft bzw. Mehl einarbeiten. Fleißig 3 Minuten weiterkneten.

Dann an einem trockenen warmen Ort, abgedeckt mit einem feuchten Küchenhandtuch, 1 Stunde gehen lassen. Den Backofen auf 200 °C Ober-/Unterhitze vorheizen.

Die Pekannüsse in einer Pfanne ohne Fett rösten. Kurz abkühlen lassen und grob hacken.

Den Grünkohl waschen, die Blätter von den Stielen zupfen und mit einem Küchentuch gründlich trocken tupfen. In eine Schüssel geben, das Räuchersalz zufügen und dieses einige Minuten kräftig in die Kohlblätter einmassieren, bis sie sich geschmeidig anfühlen. Senf, Olivenöl und Pekannüsse dazugeben und gut vermengen.

Den aufgegangenen roten Hefeteig auf eine gut bemehlte Arbeitsfläche geben. Noch mal ordentlich durchkneten und mit einem Nudelholz auf ein 0,5 cm dünnes Rechteck ausrollen, zwischendurch wenden und gut mit Mehl bestäuben, damit nichts hängen bleibt.

Die Grünkohlmischung gleichmäßig auf dem Hefeteig verteilen. Dann die Teigplatte von unten nach oben fest aufrollen.

Mit einem scharfen Messer in etwa 3 cm dicke Scheiben schneiden. Diese auf ein mit Backpapier oder Silikonfolie ausgelegtes Backblech geben und im vorgeheizten Backofen 20–25 Minuten backen, bis sie dick und knusprig sind.

»Und jetzt: Herzhaftes mit Bete. Rotes Brot ist neben grünem, schwarzem und violettem zu einem meiner Signatur-Gerichte geworden. In dieser Variante fülle ich den knalligen Hefeteig mit einer pikanten Grünkohl-Pekannuss-Senf-Mischung. Bevor das Ganze in den Ofen darf, müsst ihr den Kohl liebevoll massieren. Vorhang auf für diese außergewöhnlichen Angeber-Partyteilchen!«

GESCHMACKS-
MOMENTE

Geschmacks-momente

Karin Stöttinger

Wels, Österreich

www.geschmacksmomente.com

Back ma's! Reißender Umsatz mit Banana Bread in Groß-städten von Berlin über Barcelona bis hin zu Boston ist mittlerweile garantiert. Karin Stöttinger dachte trotzdem nicht im Entferntesten daran, ein Stück Bananenkuchen zu essen. Wegen der Banane, konnte man bereits mutmaßen. Die mochte Karin tatsächlich »nicht einmal als Banana-Split«. Bis sie ihrem Sohn zum Geburtstag einen Bananen-kuchen als Piratenschiff dekorierte, probierte und dem Geschmack erlegen war. War ja nur eine Frage der Zeit, so viele Kuchen, Törtchen und Kekse, wie die Autorin des Blogs *Geschmacksmomente* aus dem Ofen zaubert. Karin sagt zwar, dass sie beim Backen zwei linke Hände hat. Eine saftige Kürbistarte mit Muskatnuss und Vanille, zuckersüße Tiramisu-Cupcakes und noch süßere Cake-pops mit weißem Schokoladenmantel behaupten jedoch das Gegenteil. Dennoch: Vorspeisen, Salate und Haupt-gerichte sind der jungen Mutter lieber. Hauptsache, nicht so kompliziert. Auf *Geschmacksmomente* dominieren kreative, einfache Rezepte, wenn »der Magen knurrt, das Kind schreit, die Sonne scheint oder sich nur Reste im Kühlschrank befinden«. Für Grießauflauf, Heidelbeer-strudel oder einen ihrer beliebten »Shaking Salads« hat die Zeit noch immer gereicht. Die Frage nach Karins persönlichem »Geschmacksmoment« beantwortet sie übrigens mit »Reis, gemischt mit eingekochten, pürierten Pilzen, in Mexiko am Strand«.

Q + A

Was kochst du deinen Liebsten?
Ich koche meinen beiden Männern am liebsten thailändische Gerichte aus Resten im Kühlschrank. Mein Sohn liebt Sojasauce und Reis. Ich könnte jeden Tag Koriander essen und liebe die Leichtigkeit dieser Gerichte, und in 15 Minuten steht das Essen auf dem Tisch.

Ein Gericht, das alle Kinder lieben?
Bisher habe ich noch jedes Kind mit Spaghetti begeistern können. Egal ob mit Butter, Pesto oder selbst gemachtem Sugo: Die Kinderaugen leuchten.

Wo hast du am meisten Geld für Essen ausgegeben?
Im Mandarin Oriental in London aß ich das teuerste Essen meines Lebens. Dazu wurde ich aber von lieben Freundin-nen eingeladen. Es war superlecker!

Obst oder Kuchen?
Kuchen, am liebsten Topfenschnitten oder Sachertorte.

Exotisch oder lokal?
Exotisch, ich bin für alles offen.

Süßkartoffeln oder Nudeln?
Ganz klar Süßkartoffeln.

DINKEL-PANCAKES

ZUBEREITUNG

Das Ei mit dem Zucker schaumig schlagen. Die Butter fein würfeln und unter die Ei-Zucker-Masse mischen. Die restlichen Zutaten dazugeben und gut rühren, bis sich ein gleichmäßiger Teig ergibt.

Eine Pfanne mit Butter heiß werden lassen und die Pancakes von beiden Seiten braun anbraten. Kurz auf Küchenkrepp abtropfen lassen.

Für das Topping den griechischen Joghurt mit etwas Puderzucker süßen und zu einer Creme verrühren. Die Beeren waschen.

Abwechselnd Pancakes und Creme zu einem Türmchen stapeln, dann mit den frischen Beeren garnieren. Fertig ist das perfekte Frühstück im Bett.

ZUTATEN

Für 12 Pancakes

1 Ei

3 EL Zucker

1 TL Vanillezucker

30 g Butter

190 g Dinkelmehl

300 ml Buttermilch

1 Prise Zimt

1 Prise Kardamom

1 TL Backpulver

Für das Topping

400 g griechischer Joghurt

Puderzucker

frische Beeren

»Manchmal würde ich einfach lieber im Bett bleiben und Pancakes essen. Genießt euren Tag!«

MARONICREME-SUPPE MIT GERÖSTETEN SALBEIBLÄTTERN

ZUTATEN

Für 4 Personen

4 EL Öl

300 g Maroni, vorgekocht, halbiert

2 Schalotten, fein gewürfelt

1 Knoblauchzehe, fein gehackt

1 TL Zucker

50 ml Weißwein

800 ml Gemüsebrühe

220 g Sahne

Salz

Salbeiblätter

Butter

ZUBEREITUNG

Das Öl in einem breiten Topf erhitzen, Maroni, Schalotten und Knoblauch sanft anbraten. Wenn die Zwiebeln goldgelb sind, den Zucker dazugeben und leicht karamellisieren lassen.

Mit Weißwein ablöschen, etwas einreduzieren lassen und mit der Brühe aufgießen. Etwa 15 Minuten lang köcheln, die Sahne angießen und weitere 5 Minuten köcheln. Mit einem Stabmixer fein pürieren und mit Salz abschmecken.

Wenn die Suppe zu dickflüssig ist, noch etwas Wasser zufügen.

Die Salbeiblätter in Butter braten und die Suppe damit garnieren.

»Das ist eindeutig meine Lieblingssuppe. Sie erinnert mich an eine liebe Foodblogger-Kollegin, die diese außergewöhnliche Geschmackskombination als ihren Foodblog-Namen auserkoren hat.«

THERESAS KÜCHE

Theresas Küche

Theresa Baumgärtner
Luxemburg, Luxemburg
www.theresaskueche.de

Die immer lacht Angenommen, man kämpft mit einer beginnenden Erkältung oder Liebeskummer, dann ist genau das die richtige Zeit für einen Besuch in *Theresas Küche*. Denn wenn es Foodblogs für jedes Bedürfnis gibt, dann ist Theresa Baumgärtner die Ersatzmutter; diejenige, die einem bei Schnupfen eine wärmenden Borschtsch kocht und bei Stress eine Dampfnudel serviert, wie sie sie selbst von ihrer Großmutter bekommen hat. Man kann es auch so sagen: Theresa ist nicht Vorköchin, sondern Gastgeberin. Überhaupt hat ihr undistanziertes, grundpositives Auftreten viel mit ihrer eigenen Familie zu tun: »Ich empfinde es als besonderes Glück, in einer Großfamilie aufgewachsen zu sein, in der sich viele leidenschaftliche Hobbyköche und Feinschmecker um den Tisch versammeln.« Das hielt Theresa aber nicht davon ab, vorerst einen anderen Weg einzuschlagen und einen Master in Kultur und Wirtschaft zu machen. Immerhin half ihr der, aus ihrem Blog einen rentablen Fulltime-Job zu machen, der Buchverträge und TV-Auftritte zur Folge hatte.
Der Spaß an der Sache ist geblieben! Das sieht man, wenn Theresa zum Backen von Shortbread einen Schottenrock anzieht oder zu jedem Menü eine Tischdekoration bastelt. Aber keine Angst, dass die Rezepte auf *Theresas Küche* irre komplex sind. Sind sie nicht. Sondern allesamt locker in einer halben Stunde nachzukochen. Mehr Zeit hat Theresa als Mama eines kleinen Jungen auch nicht.

Q A

Was ist das älteste Stück in deiner Küche?
Meine beiden Kupfertöpfe und das Teigrädchen von der Großmutter.

Was isst du, wenn es dir nicht gut geht?
Am liebsten ein wärmendes Porridge mit frisch geriebenem Apfel, Nüssen und Zimt.

Was ist dein Lieblingsküchengerät?
Die Microplane-Reibe.

Welche Zutat findest du am vielseitigsten?
Bio-Zitronen.

Was ist dein Lieblings-Fingerfood?
Im Sommer frisch vom Strauch geerntete süße Cherrytomaten aus dem Garten.

Hast du Vorbilder beim Kochen?
Ich liebe es, in viele Kochtöpfe zu schauen und mich von passionierten Köchen inspirieren zu lassen. Alain Passards Leidenschaft für Gemüse finde ich zum Beispiel absolut faszinierend.

SÜSSKARTOFFEL-QUINOA MIT KARAMELLISIERTEN HASELNÜSSEN

ZUTATEN

Für 2–4 Personen

80 g Haselnüsse

500 g Süßkartoffeln, geschält und in 1 cm große Würfel geschnitten

5 Salbeiblätter

1 Knoblauchzehe, in dünne Scheiben geschnitten

1 EL Olivenöl

Fleur de Sel

150 g Quinoa

1 EL Ahornsirup

ZUBEREITUNG

Den Backofen auf 175 °C Ober-/Unterhitze vorheizen.
Die Haselnüsse auf ein Blech legen und so lange im Ofen rösten, bis die Schale sich zu lösen beginnt. Die Nüsse zum Abkühlen beiseite stellen.

Die Süßkartoffeln in eine ofenfeste Form geben. Die Salbeiblätter waschen und mit dem Knoblauch, dem Olivenöl und etwas Fleur de Sel mit den Süßkartoffelwürfeln vermengen. Alles gleichmäßig in der Form verteilen und im Backofen auf mittlerer Schiene für ca. 30 Minuten garen.

In der Zwischenzeit den Quinoa nach Packungsanleitung kochen.

Die abgekühlten Haselnüsse zwischen den Händen reiben, damit sich die Schale löst. In einer kleinen Pfanne den Ahornsirup aufköcheln lassen und die Haselnusskerne darin schwenken. Die karamellisierten Haselnüsse auf Backpapier abkühlen lassen.

Die Süßkartoffeln aus dem Ofen nehmen und mit den karamellisierten Haselnüssen vorsichtig unter den fertig gegarten Quinoa heben.

»Wenn im Herbst die Tage kälter werden und sich die Blätter an den Bäumen in den schönsten Gelb- und Orangetönen färben, dann bekomme ich auch in meiner Küche so richtig Lust auf leuchtende Farbpunkte! Süßkartoffel-Quinoa lässt sich übrigens hervorragend als Salat am nächsten Tag mit zur Arbeit nehmen! Wer mag kann noch Ziegenfrischkäse oder kleine Feta-Würfel hinzufügen.«

ROTE-BETE-TARTE MIT ZIEGENKÄSE

ZUBEREITUNG

Die Tarte-Form einfetten und leicht bemehlen. Mehl, Parmesankäse, Salz und Muskat in eine Schüssel geben. Die Butter in Flöckchen hinzufügen und in der Küchenmaschine oder mit den Händen rasch zu einem krümeligen Teig kneten. Zum Schluss das Ei dazugeben und weiterkneten, bis ein gleichmäßiger Teig entsteht.

Den Teig erst zu einer Rolle formen und dann gleichmäßig zu einem langen, ca. 3 mm dicken Rechteck ausrollen. Das Blech damit auskleiden, den überstehenden Rand mit einem Teigrädchen abschneiden. Den Teig in der Form mit einer Gabel mehrmals einstechen und im Kühlschrank oder in der Gefriertruhe so lange kühl stellen, bis er hart ist. In der Zwischenzeit den Backofen auf 180 °C Ober-/Unterhitze vorheizen. Den Tarte-Boden dann für ca. 20–25 Minuten auf der mittleren Schiene hellbraun vorbacken.

Unterdessen für die Füllung die rohe Rote Bete schälen, fein raspeln und mit den restlichen Zutaten in einem Blender fein mixen. Die pinke Masse auf dem vorgebackenen Tarte-Boden verteilen und erneut für ca. 25–30 Minuten backen. Die Stäbchenprobe machen!

Für den Belag den Balsamicoessig mit dem Thymian, dem Honig und der Knoblauchzehe in einem Topf einmal aufkochen lassen. Die Gewürze noch etwas ziehen lassen, dann herausnehmen. Das Olivenöl in die Balsamicoreduktion einrühren. Die Rote Bete mit einem Gemüseschäler in lange schmale Streifen schneiden, einrollen, nebeneinander in eine Form setzen und mit der Balsamico-Thymian-Marinade übergießen. Wer mag, kann die Rote Bete auch in 1 cm dicke Würfel schneiden und in der Marinade schwenken. Die Rote-Bete-Röllchen mittig auf die warme Tarte setzen und mit zerbröckeltem Ziegenfrischkäse und Thymian verziert servieren. Dazu passt ein kleiner Salat.

»Solch eine Rote-Bete-Tarte mit Ziegenkäse lässt sich am schönsten romantisch bei Kerzenlicht genießen.«

ZUTATEN

Für eine Form à 12 × 36 cm
Für 4 Personen

Für den Teig

etwas Butter und Mehl für die Form

125 g Dinkelvollkornmehl (möglichst frisch gemahlen)

30 g frisch geriebener Parmesankäse

1 Prise Salz

Muskat

60 g kalte Butter

1 Ei

Für die Füllung

1 kleine Rote Bete (100 g)

200 g Ziegenfrischkäse

2 Eier

1 Prise Salz

abgeriebene Schale von ½ Zitrone

Für den Belag

3 EL dunkler Balsamicoessig

5 Zweige frischer Thymian

1 EL Honig

1 Knoblauchzehe

4 EL Öl

500 g vorgekochte kleine Rote Bete

50 g Ziegenfrischkäse

und ein paar Zweige frischer Thymian zum Dekorieren

Himmlische Vitaminkur Als bei Lynn Hoefer aus Lüneburg vor drei Jahren extrem hoher Bluthochdruck diagnostiziert wurde, fiel sie aus allen Wolken. So ungesund hatte sie bis dato gar nicht gelebt. Leistungssport und eine vollwertige, fettfreie Ernährung waren für Lynn bereits Usus. Und dann von heute auf morgen täglich Bluthochdrucksenker nehmen? Darauf hatte Lynn keine Lust. Also recherchierte sie, was sie stattdessen machen könnte. Die Lösung war bald gefunden: eine überwiegend rein pflanzliche Ernährung, großteils frei von Gluten und weißem Zucker. Schon fünf Monate später war Lynns Blutdruck signifikant zurückgegangen – ganz ohne Genussverzicht, wie ihr Blog *Heavenlynn Healthy* zeigt. Morgens gibt es zum Beispiel Mandelbutter mit einer Prise Meersalz und Zimt aufs Brot. Schmeckt toll und enthält noch dazu Magnesium und die Vitamine B und E. Mittags dann einen winterlichen Wohlfühleintopf mit Süßkartoffeln, Grünkohl, Buchweizen und orientalischen Gewürzen, und damit eine gute Portion Calcium und Vitamin K für gesunde Knochen. Und abends vielleicht einen grünen Bohnensalat mit Kartoffeln, wobei der Kartoffel eine blutdrucksenkende Wirkung nachgesagt wird. Dass Lynn sich so gut mit den inneren Werten dieser oder jener Lebensmittel auskennt, hat damit zu tun, dass die BWL-Studentin nebenbei eine Ausbildung zur ganzheitlichen Ernährungsberaterin macht. Der Griff zum Multivitaminpräparat ist bei ständiger Lektüre des Blogs demnach abgeschrieben.

Heavenlynn Healthy

Lynn Hoefer
Lüneburg, Deutschland
www.heavenlynnhealthy.com

Q+A

Was ist dein Lieblingsküchengerät?
Ich könnte nicht ohne meinen Food Processor leben. Er wird tagtäglich benutzt, sei es um Zwiebeln oder Leinsamen zu zerkleinern oder den Teig für die Falafel-Bällchen herzustellen.

Was kochst du deinem Liebsten?
Meinem Liebsten habe ich rund ein Jahr lang immer das gleiche Gericht gekocht, das gesunde Pad Thai von meinem Blog. Davon konnten wir beide monatelang nicht genug kriegen.

Welche Länderküche magst du am liebsten?
Ich liebe die vietnamesische sowie die orientalische Küche.

Wo kaufst du am liebsten ein?
Auf dem Wochenmarkt! Dort gehe ich am liebsten an die regionalen Stände und lasse mich dort auch oft beraten, wenn es beispielsweise neue Apfelsorten gibt.

Hast du Vorbilder beim Kochen?
Von meiner Großmutter, einer Hauswirtschaftslehrerin, habe ich das Backen gelernt und von meiner Mutter die Liebe zu ausgefalleneren Gerichten.

Was ist dein Lieblingsgemüse bzw. -obst?
Mein Lieblingsobst sind wahrscheinlich Beeren. Auch beim Gemüse fällt es mir schwer zu entscheiden: Möhre und Kürbis liegen ganz weit vorne.

SUMMER ROLL BOWL MIT ERDNUSS-LIMETTEN-DRESSING

ZUBEREITUNG

Summer Roll Bowl Die Reisnudeln vollständig mit heißem Wasser bedecken und ca. 10 Minuten ziehen lassen. Anschließend abgießen.

Alle Zutaten in einer großen Schale zusammenmischen oder direkt auf zwei Schüsseln verteilen.

Mit Sesam, Erdnüssen und Koriander garnieren und mit der Erdnuss-Limetten-Sauce servieren.

Erdnuss-Limetten-Sauce Knoblauch und Ingwer in den Mixer geben und klein hacken. Alternativ mit dem Messer hacken. Alle weiteren Zutaten in den Mixer füllen und zu einer glatten Sauce vermengen. Alternativ die Sauce mit einem Schneebesen glatt rühren.

ZUTATEN

Für 2 Personen

Für die Bowl

10–15 g Reisnudeln

2 Karotten, spiralisiert oder in feine Stifte geschnitten

1 Avocado, ausgelöst und in Scheiben geschnitten

½ Gurke, spiralisiert oder in feine Stifte geschnitten

2 Handvoll Salatblätter, z. B. Romana oder Feldsalat, geputzt

1 EL schwarzer Sesam

2 EL gehackte Erdnüsse

1 Handvoll Koriander (optional)

Für das Dressing

1 Knoblauchzehe

15 g Ingwer

3 EL (glutenfreie) Sojasoße (Tamari)

3 EL Ahornsirup

Saft von 1 Limette (ich nehme sogar gerne 2)

85 g Erdnussmus

30 ml Wasser (mehr oder weniger, je nach Mixerstärke)

»Ich liebe Sommerrollen, aber da ich häufig zu faul für das Einrollen bin, habe ich diesen Schritt einfach weggelassen und so entstand die Summer Roll Bowl. Sie ist eine himmlische Kombination aus Gemüse- und Reisnudeln, frischem Koriander und der allerbesten Erdnuss-Limetten-Sauce, die meine absolute Lieblingssauce ist.«

ZUTATEN

Für 2 Personen

Für die Falafel

1 Süßkartoffel (ca. 900–1000 g)

200 g trockener Quinoa

100 g gekochte Kichererbsen

1 Knoblauchzehe, fein gehackt

½ Bund frische Petersilie,
fein gehackt

2 Stängel frischer Dill,
fein gehackt, plus
etwas mehr zum Garnieren

1 TL Kurkuma

1 TL Koriander

1 TL Kreuzkümmel

¼ TL schwarzer Pfeffer

¼ TL Meersalz

Buchweizenmehl zum
Bemehlen

Für die Bowl

2 Handvoll Feldsalat, geputzt

2 Handvoll Blattspinat

100 g Cherrytomaten, halbiert

Für das Tzatziki

100 g Gurken, fein geraspelt

250 g Kokosjoghurt
(oder griechischen Joghurt,
dann nicht vegan)

2 TL Ahorn- oder Reissirup

½ Bund Koriander plus
etwas mehr zum Garnieren

4 frische Minzeblätter

1 Jalapeño, entkernt und
fein gehackt

1 Knoblauchzehe,
fein gehackt

Saft von ½ Zitrone

¼ TL Meersalz

¼ TL Pfeffer

NEUES REZEPT

SÜSSKARTOFFEL-QUINOA-FALAFEL-BOWL MIT KOKOS-KORIANDER-TZATZIKI

ZUBEREITUNG

Die Süßkartoffeln schälen und entweder dampfgaren oder im vorgeheizten Ofen bei 180 °C Ober-/Unterhitze ca. 30 Minuten rösten. Sie sollten schön weich sein.

Den Quinoa nach Packungsanleitung kochen. 150 g gekochten Quinoa für die Falafel abnehmen und den Rest für die Bowl zur Seite stellen.

Die Kichererbsen, die Knoblauchzehe und die frischen Kräuter mit den Gewürzen für die Falafel zu einem Teig vermengen. Aus dem Teig kleine Bällchen formen und auf ein mit etwas Buchweizenmehl bestreutes Backblech legen. Die Falafel-Bällchen ca. 35–40 Minuten im noch heißen Ofen bei 180 °C backen. Sie sollten außen schön kross und innen noch weich sein.

Alle Zutaten für das Kokos-Koriander-Tzatziki in einer Schüssel vermengen und mit Zitronensaft, Meersalz und Pfeffer abschmecken.

Für die Bowl Salat, Spinat und Tomaten in zwei Schüsseln füllen und mit dem restlichen Quinoa, jeweils 4–5 Falafel-Bällchen und dem Tzatziki bedecken. Mit etwas Dill und Koriander bestreuen und genießen.

Die restlichen Falafel-Bällchen halten sich im Kühlschrank 3–4 Tage und können auch eingefroren werden.

»Diese Bowl besteht aus leckeren rein pflanzlichen Falafel-Bällchen, frischen Kräutern und einem himmlischen, rein pflanzlichen Kokos-Koriander-Tzatziki-Dressing. Bei der Erstellung der Bowl könnt ihr übrigens total kreativ sein: Verwendet einfach euer Lieblingsgemüse oder das, was aufgegessen werden muss.«

CULINARY PIXEL

Culinary Pixel

Annette Sandner
München, Deutschland
www.culinarypixel.de
www.annettesandner.de
www.rockabillyrestaurant.de

Eine Portion Rockabilly Jeder, der mit Annette Sandner auf Reisen oder im Restaurant ist, muss ihre Anwesenheit schon mal teilen: mit ihrem Smartphone. Nicht etwa, weil sie chatten würde. Sondern weil die Münchnerin auf Snapchat oder Instagram in Echtzeit dokumentiert, was ihr an regionalen Produzenten, lokalen Gerichten oder Spitzenköchen vor die Linse kommt. Später wird alles in längeren Beiträgen auf ihrem Blog *Culinary Pixel* zusammengefasst: Wo gibt's das beste Craft Beer oder indische Curry in Glasgow? Wo ist die chinesische Küche in Toronto besonders authentisch? Oder: Wie sieht es eigentlich in der Stählemühle vom Monkey47-Gin aus? Zurück in der bayerischen Landeshauptstadt steht Annette am liebsten selbst am Herd. So wie früher in der Großküche des elterlichen Hotels am Tegernsee. Sämtliches Koch-Know-how liegt ihr demnach in der DNA. Indizien dafür sind ihre Videos, in denen Annette alles über die Sous-vide-Technik erklärt, oder Posts, in denen sie eine Lasagne nicht strebermäßig schichtet, sondern als »offene Lasagne« dekonstruiert. Letzteres – das Neuinterpretieren von Vertrautem – ist typisch Rockabilly. Und weil nicht nur Annette für diese Musikrichtung eine Leidenschaft hegt, sondern auch ihr Freund, haben sie den Supper Club »Rockabilly Restaurant« ins Leben gerufen. Zu dem lädt Annette immer dann ein, wenn sie nicht auf Reisen ist oder in Sachen Social Media und Blogger Relations berät.

Q+A

Welche Zutat findest du am vielseitigsten?
Pilze und Käse. Aber auch Kohlsorten oder Hülsenfrüchte finde ich sehr wandlungsfähig.

Was kochst du deinem Liebsten?
Der Liebste ist Koch, insofern versuche ich gar nicht erst, ihn zu beeindrucken. Oft Fisch, Geflügel oder vegetarisch – orientalisch gewürzt, gerne auch mit Zitrusfrüchten und einem großen Salat.

Wo kaufst du am liebsten ein?
Auf Märkten. Egal ob der Bauernmarkt bei mir um die Ecke, in Städten oder am Meer. Und überall, wo die Menschen hinter dem, was sie verkaufen, mit Leidenschaft stehen.

Was ist das Ausgefallenste, was du je gegessen hast?
Selbst gesammelte Seeigel für ein Risotto in Süditalien und eine ganze gegrillte Kröte in Saigon.

Welches ist dein Lieblingsrestaurant in deiner Stadt?
Eine feste Größe in München ist für mich das Takumi mit den allerbesten Ramen. Wenn es um gehobene Restaurants geht: Tohru Nakamuras Küche in Geisels Werneckhof.

Was isst du zum Frühstück?
Am Wochenende gerne Eggs Benedict, Bauernbrot mit Avocado, ausgesuchten Käse und Schinken. Mit weniger Zeit Butterbrez'n oder Porridge mit Nüssen.

OFFENE LASAGNE MIT GRÜNEM SPARGEL UND BÜFFEL-MOZZARELLA

ZUBEREITUNG

Mehl und Hartweizengrieß sieben, mit den Eiern und Salz gut zu einem glatten Teig verkneten – klassisch mit der Hand oder mit den Knethaken der Küchenmaschine. Den Teig in Frischhaltefolie einschlagen und für mindestens 30 Minuten in den Kühlschrank legen.

Den Teig in drei Portionen teilen und in der Nudelmaschine jeweils zu einer sehr dünnen Bahn ausrollen. Zu Beginn auf Stufe 0 etwa zehnmal durchlassen, immer wieder in der Hälfte falten und wiederholen. Dann bis auf Stufe 7 dünn ausrollen. Dabei so viel Mehl wie nötig, aber so wenig wie möglich verwenden.

Die Nudelblätter in Salzwasser 2–3 Minuten kochen, sodass sie noch al dente sind.

In der Zwischenzeit den Spargel waschen und von den holzigen Enden befreien.

Während die Nudeln kochen, den Knoblauch zusammen mit dem Spargel in einer Pfanne bei mittlerer Hitze im Olivenöl schwenken. Mit Weißwein und einer kleinen Schöpfkelle Kochwasser der Nudeln ablöschen. Crème fraîche und Butter dazugeben, 1–2 Minuten weiterköcheln lassen, dann mit Meersalz, Pfeffer und Zitronenschale abschmecken.

Die Nudelblätter zum Schluss kurz in der Pfanne mit der Buttersauce schwenken.

Die Nudelblätter mit dem Spargel, den Orangenfilets, dem Wildkräutersalat und dem zerzupften Büffelmozzarella auf einem Teller schichten. Mit Olivenöl beträufeln und noch etwas geriebene Zitronenschale sowie frischen Pfeffer darübergeben.

ZUTATEN

Für 4 Personen

Für den Nudelteig

100 g Mehl (Type 405)

100 g Hartweizengries

3 Eier

1 Prise Meersalz

Außerdem

ca. 20 Stangen grüner Spargel

2 Knoblauchzehen, fein gehackt

2 EL Olivenöl plus etwas mehr zum Servieren

150 ml Weißwein

2 EL Crème fraîche

1 EL kalte Butter

Meersalz

frisch gemahlener schwarzer Pfeffer

abgeriebene Schale von ½ Zitrone

1 Orange, filetiert

2 Handvoll Wildkräutersalat, geputzt

250 g Büffelmozzarella, zerzupft

»Dies ist eines der beliebtesten Rezepte auf dem Blog. Kein Wunder, es vereint vier meiner absoluten Lieblingszutaten: Ich bin ein Pasta-Junkie, Spargel-Fan sowieso, besonders von grünem. Büffelmozzarella und Zitrone sind immer in meinem Kühlschrank. Ein herrliches Sommergericht!«

THAI-STYLE SEAFOOD PLATTER MIT SÜSSKARTOFFELN UND WASSER-SPINAT

ZUTATEN

Für 4 Personen

2 Süßkartoffeln, in ca. 0,5 cm dicke Scheiben geschnitten

8 kleine bis mittelgroße festkochende Kartoffeln, geviertelt

Pflanzenöl

Sesamöl

3 rote Zwiebeln, zur Hälfte geviertelt, zur Hälfte in Scheiben geschnitten

1 Knolle frischer Knoblauch, halbiert

1 Stück Ingwer (ca. 3 cm), geschält und in dünne Scheiben geschnitten

1 Dose Kokosmilch

3 EL Sojasauce

2 Stängel Zitronengras

1 TL Kurkuma

1 rote Chilischote, entkernt und fein gehackt

12 Cocktailshrimps

300 g Wasserspinat oder wilder Brokkoli, in mundgerechte Stücke zerteilt

4–8 große Garnelen

400 g Lachsfilet

4 Limetten, geviertelt

½ Bund Koriander, fein gehackt

Meersalz

Pfeffer

ZUBEREITUNG

Den Ofen auf 175 °C Ober-/Unterhitze vorheizen.

Süßkartoffeln und Kartoffeln in einer großen Schüssel gut mit Pflanzenöl benetzen und auf einem mit Backpapier ausgelegten Backblech oder in einem Bräter verteilen. Ca. 20 Minuten backen, die Scheiben und Viertel dann wenden und noch mal von den anderen Seiten rösten.

In einem großen flachen Topf oder einer Pfanne das Sesamöl erhitzen. Einen Großteil der Zwiebeln, den Knoblauch und Ingwer bei mittlerer Hitze anschwitzen. Kokosmilch und Sojasauce angießen, Zitronengras und Kurkuma dazugeben, mit Chili und gegebenenfalls Salz oder mehr Sojasauce abschmecken. Die Cocktailshrimps und den Wasserspinat in die Sauce geben und leicht simmern lassen.

Parallel in einer heißen Pfanne in etwas Pflanzenöl die großen Garnelen sowie den Lachs von beiden Seiten scharf anbraten. Beides sollte innen noch schön glasig bleiben.

Zum Schluss einen Großteil des Korianders und die Limettenviertel unter das Gemüse rühren.

Auf einer großen Platte Gemüse und Seafood anrichten. Mit den restlichen Zwiebeln, dem restlichen Koriander, Meersalz und Pfeffer bestreuen und mit etwas Sesamöl beträufeln.

»Gebackene Süßkartoffeln, Seafood, frischer Koriander, Chili, Limetten, Kokosmilch – das alles steht für mich für Urlaub und die Kulinarik in wärmeren Gefilden. Ein ausgewogenes Verhältnis zwischen Schärfe, Säure und Süße sorgt für die Spannung in diesem Gericht. Ein kühles Glas Riesling dazu, mehr braucht man nicht.«

Von Taco-Liebe und alten Feindschaften Während die meisten Berliner in ihrem Alter am Wochenende die Strapazen der letzten Nacht wegschlafen, stehen Julia Stephan und Isabelle Friedrich (trotzdem) schon seit ein paar Stunden am Herd: die neuen Rezepte für ihren veganen Foodblog *Zucker & Jagdwurst* kochen, die sie in den nächsten Wochen posten werden. Unter der Woche haben die beiden dafür so gut wie keine Zeit. Dann hauen sie für ihre ebenfalls online Rezepte publizierenden Arbeitgeber in die Tasten. Dass Julia und Isa nämlich was von schnieken Onlinemagazinen verstehen, zeigen die Serien auf *Zucker & Jagdwurst,* die so experimentierfreudig sind wie die Sendungen von Joko und Klaas und so unterhaltsam wie ein Netflix-Abo. In »Bis einer nach Hause rollt« besuchen die Mädels Plätze, an denen sie so viel futtern, bis sie kugelrund sind – was auch heißt, dass die Veranstaltungen in Sachen vegane Kost auf Herz und Nieren (und Magen) geprüft werden. In »My Tasty Enemy« kochen sich Julia und Isa an ihre persönliche kulinarische Feindzutat heran (bei Julia ist das unter anderem Rosenkohl, bei Isa Kohlrabi). Was beide wiederum richtig gerne mögen, sind Tacos. So sehr, dass sie den kleinen Fladen sogar den »Taco Tuesday« gewidmet haben. Was es an allen anderen Tagen geben kann, zeigt »7 Tage, 7 Rezepte«. In dieser Rubrik wird ein Motto durchdekliniert, z. B. die vegane Pastawoche von Mohnnudeln bis Ravioli-Kürbis-Salat oder ein veganes Weihnachtsmenü mit Blumenkohl-Apfel-Suppe und Spinatknödel mit Gulasch. Köstlich!

Zucker & Jagdwurst

Julia Stephan & Isabelle Friedrich
Berlin, Deutschland
www.zuckerundjagdwurst.com

Q+A

Wo habt ihr am meisten Geld für Essen ausgegeben?
Julia: New York und Kopenhagen.
Isa: Auf Bali gibt es ein Café, das wahnsinnig viele Tee- und Kaffeesorten selbst herstellt. Ich war so verrückt nach dem Kokosnuss-Kaffee, dass ich mich damit für das nächste halbe Jahr eingedeckt habe.

Freestyle kochen oder nach Rezept?
Julia: Mir kommen die Inspirationen oft beim Lesen oder Finden eines Rezepts, dann koche ich es allerdings frei mit kleinen bis mittelriesigen Änderungen.
Isa: Ich koche oft nach Rezept, bis ich bemerke, dass das alles Nonsens ist.

Was kocht ihr für 10 Personen als Hauptgericht?
Als unser Blog online ging, haben wir einige Freunde zum Essen eingeladen, die uns geholfen hatten. Wir dachten, es wäre eine spitze Idee, Risotto für alle zu machen. War's aber nicht.

Obst oder Kuchen?
Julia: Obst auf Kuchen, klar!
Isa: Kuchen auf Obst, klar!

Süßkartoffeln oder Nudeln?
Julia: Nudeln!
Isa: Süßkartoffeln!

Seit wann ernährt ihr euch vegan?
Julia: Seit sieben Jahren.
Isa: Seit vier Jahren.

ZUCKER &
JAGDWURST

VEGANE MOHNNUDELN MIT PFLAUMENSAUCE

ZUTATEN

Für 4 Personen

Für die Schupfnudeln

750 g Kartoffeln
(mehligkochend)

Ei-Ersatz für 3 Eier
(z. B. NoEgg)

2 Pck. Vanillezucker

150 g Mehl (Type 405)

100 g Alsan

150 g Mohn

Für die Pflaumensauce

5–7 Pflaumen,
entsteint und geviertelt

100 ml Wasser

3 EL Zucker

das Mark von 1 Vanilleschote

1 TL Zimt

Puderzucker

ZUBEREITUNG

Die Kartoffeln schälen und kochen, bis sie so weich sind, dass man sie stampfen kann. Die Kartoffeln fein zerdrücken.

Den angerührten Eiersatz (auf 1 Esslöffel Eiersatz kommen 2 Esslöffel Wasser) zu den gestampften Kartoffeln geben, Vanillezucker und Mehl zufügen. Alles gut durchkneten. Der Teig sollte am Ende nicht mehr kleben. Noch etwas mehr Mehl dazugeben, wenn er noch an den Händen kleben bleibt.

Ist der Teig fertig, kann er geformt werden. Dafür eine kleine Menge Teig nehmen und zwischen den Händen rollen, wie Vanillekipferl zu Weihnachten. Die fertigen Schupfnudeln auf einer bemehlten Unterlage lagern.

In einem großen Topf ausreichend Wasser erhitzen – so wie beim Nudeln kochen. Wenn das Wasser kocht, bei mittlerer Temperatur weiterköcheln lassen und nach und nach Schupfnudeln dazugeben. Es sollten nicht zu viele auf einmal sein, damit sie ordentlich garen können. Nach 2–3 Minuten werden sie bereits an der Wasseroberfläche schwimmen. Rausnehmen und den nächsten Schwung Schupfnudeln ins Wasser geben.

Zum Braten der Schupfnudeln vegane Butter, z. B. Alsan, in einer großen Pfanne schmelzen, den Mohn dazugeben und 1–2 Minuten leicht rösten. Portionsweise die Schupfnudeln zufügen und in der Pfanne schwenken, bis sie rundum mit Mohn bedeckt sind.

Für die Pflaumensauce die Pflaumen zusammen mit Wasser und Zucker in einen kleinen Topf geben und köcheln lassen, bis die Pflaumen weich sind. Das dauert 5–10 Minuten. Alles pürieren und durch ein Sieb abseihen, um auch wirklich alle Stücke und die übrige Schale zu entfernen. Den Sud zurück in den Topf geben, mit dem Vanillemark und 1 Teelöffel Zimt verfeinern und alles einköcheln lassen, bis die Pflaumensauce sämig ist.

Die Mohnnudeln mit der Sauce und mit Puderzucker bestäubt servieren.

»Diese Schupfnudeln dürfen auch schief und krumm werden, denn am Ende könnt ihr stolz erzählen, dass ihr alles selbst gemacht habt. Egal ob als Hauptspeise oder als Dessert – die fruchtige Pflaumensauce in Kombination mit Mohn ist ein Knaller! Und wenn gerade keine Pflaumensaison ist, könnt ihr selbstverständlich auch Brombeeren oder Erdbeeren benutzen.«

VEGANER PORTOBELLO-BURGER

ZUBEREITUNG

Für die Marinade die Schalottenwürfel zusammen mit den restlichen Zutaten in einer Schüssel verrühren. Die Portobellos mit der Marinade einreiben und 20 Minuten ziehen lassen.

In einer (Grill-)Pfanne 1 Esslöffel Öl erhitzen und die Portobellos je 6–8 Minuten von beiden Seiten anbraten.

Für die karamellisierten Zwiebeln in einer zweiten Pfanne 2 Esslöffel Öl erhitzen, die Zwiebelscheiben leicht salzen und bei niedriger Temperatur glasig dünsten – das dauert etwa 5 Minuten. Danach 2 Esslöffel Zucker hinzugeben und 15 Minuten bei niedriger Temperatur weiterbraten, bis die Zwiebeln gebräunt sind.

In der Zwischenzeit die Saucen und Toppings vorbereiten. Alle Zutaten für die vegane Sour Cream in der einen und alle Zutaten für die süße Senf-Sauce in einer zweiten verrühren. In einer dritten Schüssel die Guacamole zubereiten. Dafür die Avocado halbieren, den Kern entfernen und mit einem Löffel das Fruchtfleisch entnehmen. Mit einer Gabel in der Schüssel zermatschen, Zitronensaft dazugeben und mit Salz und Pfeffer würzen.

Wenn alle Zutaten bereit sind, die Burgerbrötchen halbieren und im Ofen oder in einer Pfanne ohne Öl anrösten.

Los geht's mit dem Belegen! Auf die untere Brötchenhälfte kommt zunächst eine Schicht vegane Sour Cream, danach Eisbergsalat, der gegrillte, marinierte Portobello, Guacamole, Apfelscheiben und marinierte Zwiebeln. Zum Schluss die obere Brötchenhälfte noch mit der süßen Senf-Sauce bestreichen. Fertig ist der Portobello-Burger!

»Gemüseburger sind langweilig? Nix da! Dies ist unser und euer neuer Lieblingsburger, denn die marinierten Portobello-Pilze sind ein Traum. Mit karamellisierten Zwiebeln und selbst gemachten Saucen könnt ihr auf der Burger-Skala ordentlich punkten!«

ZUTATEN

Für 4 Personen

4 Portobello-Pilze

4 helle Sesambrötchen

4 Blätter Eisbergsalat

1 Apfel, in Scheiben geschnitten

Für die Marinade

1 Schalotte, fein gewürfelt

3 EL Öl

2 EL dunkler Balsamico-Essig

1 TL Senf

1 TL Knoblauchpulver

1 TL Koriander

1 TL Liquid Smoke (optional)

Für die Guacamole

1 Avocado

1 TL Zitronensaft

Salz

Pfeffer

Für die süße Senf-Sauce

2 EL Agavendicksaft

3 EL Senf

Für die vegane Sour Cream

200 g Sojaquark

150 g Veganer Frischkäse

1 TL Knoblauchpulver

1 EL Apfelessig

Saft von 1 Zitrone

Salz

Pfeffer

Für die Zwiebeln

2 große helle Zwiebeln, in feine Scheiben geschnitten

2 EL Öl

Salz

2 EL Zucker

FOOD WITH A VIEW

Food with a View

Arne Schmidt & Claudia Hirschberger
Berlin, Deutschland
www.foodviewberlin.com
www.konzeptautoren.de

Draußen schmeckt's am besten Ein typisches Wochenende bei Claudia Hirschberger und Arne Schmidt sieht so aus: aufs Fahrrad setzen, den Trubel der Hauptstadt hinter sich lassen und rausfahren in die (Stadt-)Natur. Körbe gefüllt mit Boxen werden auf den Gepäckträger geschnallt. Denn das Paar hinter dem Blog *Food with a View* sammelt im Park oder entlang der Radwege Früchte und Kräuter, Hopfen, Hagebutten oder etwa Holunder. Ernten wie diese geben ihnen die Speisekarte für die nächsten Tage vor. Die Hopfentriebe landen auf gegrilltem Spargel zu Polentawürfeln, die Hagebutten in der Marmelade oder als säuerlicher (und farblicher) Akzent in einer Quinoa-Mangold-Bowl, die Holunderbeeren geben Essig einen fruchtigen Geschmack. »Man trifft beim Wild Harvesting immer andere, die das Gleiche machen«, sagt Claudia, die zusammen mit Arne freiberuflich als Kreativschaffende arbeitet. »Wichtig ist aber, dass nicht alles gepflückt wird, schon allein wegen der Tiere, die sich davon ernähren.«
Oft nutzt Arne diese Ausflüge zum Fotografieren von Impressionen und den als Wegzehrung mitgebrachten neuen Gerichten – in der warmen Jahreszeit eine gute Alternative zu aufwendigen Indoor-Set-ups. Seitdem Arne noch dazu vor ein paar Jahren von der vegetarischen zur veganen Ernährung geswitcht ist, kommen immer mehr rein pflanzliche Rezepte dazu. Und die sind, typisch für die beiden Naturliebhaber, nicht selten picknickgeeignet.

Q+A

Seit wann ernährt ihr euch vegetarisch?
Wir sind beide seit mehr als zehn Jahren Vegetarier. Seit fast drei Jahren lebt Arne vegan, und Claudia ernährt sich seither ebenfalls überwiegend ohne tierische Produkte.

Was macht ein gutes Foodfoto aus?
Abgesehen von technischen Qualitäten, Lichtführung und einer interessanten Handschrift hält es einen sinnlichen Moment fest, der eine Geschichte erzählt.

Was bringt ihr zum Picknick mit?
Jedes Mal etwas anderes, aber fast immer auch Hummus aus im Ofen geröstetem Gemüse. Für den Nachtisch haben wir Schokoladen-Törtchen und Beeren-Rohkostpralinen mit Datteln und Nüssen dabei.

Was ist euer Lieblingsdrink?
Im Sommer Limonade, immer anders kombiniert mit Kräutern, Gurke, Säften, Gewürzen, Ingwer, selbst gemachtem Sirup. Im Winter ein guter Single Malt Whiskey.

Obst oder Kuchen?
Obstkuchen.

Süßkartoffeln oder Nudeln?
Wir nehmen gern beides, Arne die Süßkartoffeln und Claudia die Pasta.

BELUGALINSEN-SALAT MIT HOLUNDERBEEREN-DRESSING

ZUBEREITUNG

Für den Holunderessig die Beeren verlesen, waschen und in einem Sieb abtropfen lassen. Die Vanilleschote in kleine Stücke schneiden. In einem Topf beides zusammen mit den restlichen Zutaten aufkochen. Die Temperatur reduzieren, den Deckel auflegen und 5 Minuten bei niedriger Temperatur köcheln lassen. Früchte und Flüssigkeit in die vorbereitete Flasche füllen und diese gut verschließen. Den Essig darin mindestens 1 Tag lang oder bis zu einer Woche bei Raumtemperatur ziehen lassen. Danach den Essig durch ein Mulltuch in die zweite Flasche abseihen. Kühl und dunkel gelagert hält sich der Essig bis zu einem Jahr.

Für den Salat die Linsen in einem Sieb gründlich abspülen und in einem Topf mit 250 ml kaltem Wasser aufkochen. Die Temperatur reduzieren, den Deckel auflegen und die Linsen bei niedriger Temperatur in ca. 30 Minuten bissfest garen. Die Flüssigkeit wird dabei aufgesogen – reicht sie nicht aus, einfach etwas Wasser nachgießen. Die Linsen in eine Schüssel geben, etwas salzen und zum Abkühlen beiseite stellen.

Das Gemüse und die Früchte zu den Linsen in die Schüssel geben und gleichmäßig vermengen.

Für das Dressing in einer kleinen Schale alle Zutaten mit einem Schneebesen verquirlen und den Linsensalat damit marinieren. Mit etwas Brot servieren.

»Für uns schmeckt dieser einfache Salat aus nussigen Belugalinsen und fruchtigen Aromen nach Sommer, weshalb wir ihn am liebsten draußen bei einem Picknick oder im Garten von Freunden essen. Das Besondere daran ist ein Dressing mit selbst gemachtem Holunderessig – die Beeren dafür sammeln wir Ende August, Anfang September in der (Stadt-)Natur.«

ZUTATEN

*Für 4 Personen
als Beilage
oder für 2 Personen
als leichtes Abendessen*

Für den Holunderessig

50 g Holunderbeeren

¼ Vanilleschote
(alternativ 1 TL getrocknete Vanilleschoten-Stückchen)

300 ml weißer Balcamico-Essig

2 EL Rohrohrzucker

2 mit kochendem Wasser sterilisierte Flaschen à 300 ml Fassungsvermögen

Für den Linsensalat

100 g Belugalinsen

Meersalz

1 rote Zwiebel,
in Ringe geschnitten

3 Frühlingszwiebeln,
in Ringe geschnitten

4 vollreife Pfirsiche,
Nektarinen oder ein anderes Obst der Saison,
in Spalten geschnitten

4–5 Radieschen,
in Scheiben geschnitten

Für das Dressing

2 EL Olivenöl

2 EL Walnussöl

1 EL Holunderessig

1 TL Balsamico

abgeriebene Schale von 1 unbehandelten Zitrone

Meersalz

frisch gemahlener weißer Pfeffer

CRÈME BRÛLÉE MIT KÜRBIS UND KOKOS

ZUTATEN

*Für 8 Gläser
oder Schalen à 125 ml*

2 Dosen Kokosmilch
ohne Emulgatoren à 400 ml
(Kokosgehalt 60 %,
mindestens 2 Tage lang
gekühlt)

1 kleiner Hokkaido-Kürbis
(ca. 600 g)

zusätzlich 200 ml Kokosmilch
(Kokosgehalt 60 %)

50 g Kakaobutter,
grob gehackt

50 ml Ahornsirup

abgeriebene Schale von
1 kleinen unbehandelten
Orange

1 ½ TL gemahlene Vanille

1–2 Prisen Kala Namak

1 Prise Kurkuma

1 Prise Nelke

1 Msp. frisch geriebene
Zimtrinde

einige TL Rohrohrzucker

Außerdem

1 Gasbrenner
zum Karamellisieren

ZUBEREITUNG

Die beiden Dosen mit der gekühlten Kokosmilch öffnen, die oben abgesetzte feste Creme mit einem kleinen Messer vom Rand lösen und mit einem Löffel abnehmen. 275 g von der Creme abwiegen und in einer Schale beiseite stellen. Die restliche Creme und das zurückbleibende Kokoswasser anderweitig verwenden.

Den Kürbis waschen, dann halbieren. Kerne und Fasern mit einem Löffel aus den Hälften herauskratzen und entsorgen oder die Kerne anderweitig verwenden. Das Kürbisfleisch würfeln, es sollte etwa 400 g ergeben. In einem Topf mit Dämpfeinsatz die Kürbiswürfel ca. 15–20 Minuten im Wasserdampf garen, bis auch die Schale weich ist.

Das Kürbisfleisch noch heiß in einen Standmixer füllen. Die zusätzlichen 200 ml Kokosmilch, Kakaobutter, Ahornsirup, Orangenabrieb und alle Gewürze zugeben und zu einer feinen Creme pürieren. Die zuvor vorbereitete Kokoscreme zugeben, kurz in der warmen Masse weich werden lassen, dann zügig untermixen. Die Creme nach Wunsch nochmals abschmecken und in die vorbereiteten Gläser füllen. Mit Frischhaltefolie bedeckt mindestens 2 Stunden im Kühlschrank fest werden lassen.

Unmittelbar vor dem Servieren die Gläser mit der Creme aus dem Kühlschrank nehmen und die Oberfläche jeweils dünn, aber gleichmäßig mit dem Zucker bestreuen. Mit einem kleinen Gasbrenner den Zucker karamellisieren. Dabei die Flamme nicht zu lang auf eine Stelle richten, damit der Zucker nicht verbrennt. Die Crème brûlée sofort servieren, damit die Karamellschicht knusprig bleibt.

»Kürbis und Kokos verleihen unserer veganen und gut in die kalte Jahreszeit passenden Interpretation des Dessert-Klassikers ein besonderes Aroma. Wir lieben die cremige Konsistenz unter der Karamellkruste und den Hauch von Ei-Aroma, den das indische Salz Kala Namak mitbringt.«

THE WEDNESDAY CHEF

The Wednesday Chef

Luisa Weiss
Berlin, Deutschland
www.thewednesdaychef.com

Ein Leben in verschiedenen Küchen Unter allen Blogs in diesem Buch ist Luisa Weiss die absolute Beginnerin. Bereits 2005 ging sie mit *The Wednesday Chef* online und ist damit Foodbloggerin der ersten Stunde. Der Name knüpft an die Rezeptkolumnen der *New York Times* und *Los Angeles Times* jeden Mittwoch an, die Luisa in ihrem Blog nachkochte. Dass Essen in Luisas Leben mit bestimmten Zeitpunkten zu tun hat, war aber schon vorher der Fall: Als Kind lebte sie mit ihrer amerikanischen Mutter und ihrem italienischen Vater in West-Berlin und backte mit ihrer deutschen Tagesmutter Plätzchen. Nach der Scheidung der Eltern pendelte Luisa zwischen Berlin und Boston und den Großeltern in Italien. Während des Studiums lebte sie ein Jahr lang in Paris und danach in New York, wo sie bei einem Verlag als Kochbuch-Redakteurin arbeitete. 2010 zog sie zurück nach Berlin, zu ihrer großen Liebe Max, und schrieb ein Buch über ihre wechselnden kulinarischen Einflüsse: *My Berlin Kitchen* (2012).

2016 legte Luisa den englischsprachigen Rezeptband *Classic German Baking* nach. Deutsche Backwaren findet sie, die mittlerweile auch fließend Deutsch spricht, nämlich genauso faszinierend wie Molkereiprodukte, ebenso die italienische Küche der väterlichen Seite. Auch die prägt einen Großteil ihrer Rezepte, deren Fotos so herrlich lebensnah und filterfrei sind wie die Storys dahinter.

Q+A

Freestyle kochen oder nach Rezept?
Das kommt darauf an. Auf der einen Seite koche ich nach Rezept, vor allem, wenn ich mich mit den Gerichten nicht auskenne, und weil das wahrscheinlich auch mit meinem Background als Kochbuch-Redakteurin zusammenhängt. Wenn ich aber ein einfaches Abendessen unter der Woche für meine Familie koche, vertraue ich auf meine jahrelange Kocherfahrung.

Welches Gewürz benutzt du am häufigsten?
Das ist schwierig, mich festzulegen. Aber ich verwende viel getrockneten Oregano (wobei das ein Kraut ist und kein Gewürz).

Was ist dein Lieblings-Fingerfood?
Crostini! Vor allem, wenn sie mit richtig gutem Brot gemacht sind und etwas Salziges und Süchtigmachendes wie Tapenade enthalten.

Was ist dein Lieblingsküchengerät?
Ein scharfes Messer und mein geliebtes Küchenbrett. Das hat einen hohen Rand, damit zum Beispiel der Saft von den Tomaten nicht auf die Arbeitsplatte tropft.

Obst oder Kuchen?
Obst, wenn es schon reif ist und Saison hat.

Süßkartoffeln oder Pasta?
Pasta, always and forever.

DAS BESTE OFENGEMÜSE DER WELT

ZUBEREITUNG

Den Ofen auf 180 °C Ober-/Unterhitze vorheizen. Die Zwiebel vierteln und in dünne Streifen schneiden. Das Gemüse in gleich große, kleine (ca. 1 cm) Stücke schneiden und in eine Auflaufform geben. Mit Salz, Pfeffer, den Kräutern und dem Olivenöl marinieren. Gründlich, aber vorsichtig durchmischen, damit die Tomaten ganz bleiben. Wenn noch nicht alles mit Olivenöl bedeckt ist, davon nachgeben.

Die Form in den Ofen stellen und für 45–60 Minuten rösten. Nach der Hälfte der Zeit, die Form aus dem Ofen nehmen und das Gemüse durchmischen, damit alles gleichmäßig geröstet wird. Kurz vor Ende der Röstzeit das Ganze wiederholen. Dann aus dem Ofen nehmen und kurz abkühlen lassen. Bei Bedarf nachwürzen und servieren.

ZUTATEN

Für 6 Personen als Beilage

1 mittelgroße Zwiebel

1 mittelgroße oder 2 kleine Karotten

1 Zucchini

1 Aubergine

2 kleine Kartoffeln

5 kleine Tomaten

1 rote oder gelbe Paprika

2 Knoblauchzehen

Salz

Pfeffer

getrocknete Kräuter (Salbei, Thymian, Rosmarin, wilder Fenchel passen super)

4–5 EL Olivenöl plus etwas mehr zum Abschmecken

»Vor ein paar Jahren hat mir meine Tante Laura das, wie ich es nenne, ›beste Ofengemüse der Welt‹ gezeigt. Es besteht aus verschiedenen Sommergemüsen (und ein paar Kartoffeln), die mit Kräutern und ganz viel Olivenöl langsam geröstet werden. Einmal aus dem Ofen geholt, wird man nicht aufhören können, es zu essen.«

BREZELN

ZUBEREITUNG

Das Mehl in eine große Schüssel geben und in die Mitte eine Kuhle drücken. In diese die frische Hefe bröseln. Den Zucker darüberstreuen. 3 Esslöffel (40 ml) lauwarmes Wasser darübergeben und langsam mit dem Mehl vermengen. Mit einem sauberen Geschirrtuch abdecken und für 5 Minuten beiseite stellen.

Dann die übrige Tasse (240 ml) lauwarmes Wasser dazugeben sowie das Salz. Mit der Hand durchkneten, bis der Teig gut klebt. Den Teig auf eine eingemehlte Arbeitsfläche geben und 8–10 Minuten weiterkneten. Gerade am Anfang die Arbeitsfläche immer wieder neu mit Mehl bestreuen, damit der Teig nicht kleben bleibt. Dann den Teig wieder mit einem Geschirrtuch abdecken und 15 Minuten gehen lassen. Anschließend zehn Portionen formen und diese ebenfalls 5 Minuten gehen lassen.

Für die schwäbischen Brezeln den Teig zu einer langen Schlange rollen, die an den Enden dünner wird. Der Teigstrang sollte etwa 60 cm lang sein. Dann die Brezelschleife formen, indem man die Enden übereinanderlegt. Die Brezel auf Backpapier legen und den Vorgang mit den anderen neun wiederholen. Die rohen Brezeln für 30 Minuten unabgedeckt stehen lassen. Dann 1 Stunde in den Kühlschrank oder besser noch in das Gefrierfach legen.

Den Ofen auf 220 °C Ober-/Unterhitze vorheizen.

Für die Lauge zuerst Gummihandschuhe anziehen, warmes Wasser in eine Schüssel gießen, vorsichtig die Lauge hinzugeben, bis diese sich komplett aufgelöst hat. Jede Brezel 10–15 Sekunden darin gründlich eintunken. (Vorsichtig bei denen sein, die nur im Kühlschrank lagen und nicht ganz so fest sind. Sie lassen sich aber, zurück auf dem Blech, wieder formen.) Die Brezeln mit grobem Meersalz bestreuen, und mit einem scharfen Messer den dicken Teil horizontal einritzen.

Im Ofen für 15–20 Minuten in zwei Portionen backen. Auf einem Rost abkühlen lassen. Dann die andere Hälfte der Brezeln backen.

ZUTATEN

Für 10 Brezeln

Für den Teig

500 g normales Mehl plus etwas mehr zum Teigformen

15 g frische Hefe

1 TL Zucker

1 Tasse plus 3 EL (insgesamt 280 ml) lauwarmes Wasser

2 TL feines Salz

1,5 TL (20 g) Butter (Raumtemperatur)

Für die Lauge

10 Tassen warmes Wasser

½ Tasse Brezellauge

grobes Salz zum Bestreuen

»Die Brezel kommt zwar aus dem süddeutschen Raum, aber auch hier gibt es Unterschiede zwischen einer schwäbischen (mit dünneren Schleifen) und einer bayrischen Brezel (mit einer knusprigen Kruste). Die Gemeinsamkeit ist die Lauge, die für den besonderen Geschmack und die Farbe sorgt. Die kann man in Granulatform online bestellen und geschützt durch Gummihandschuhe anrühren. Warum also nicht mal selbst ausprobieren?«

Die Küchenslammer Bei *derultimativekochblog* hält der Name wirklich, was er verspricht. Anna (die Schauspielerin ist) und Holger (der seine Brötchen als Digital Artist verdient) nehmen die Texte auf ihrem Foodblog ernst. Oder auch nicht. Denn der ironische Unterton schwingt wie der Dill auf ihrer vietnamesischen Canh-Chua-Chay-Suppe immer mit. Es fängt damit an, dass Anna und Holger als »Fritze« und »Fratze« schreiben, »Alkohol und Essen« zu ihren Hobbys zählen und »Wortspiele und Peinlichkeiten« lieben. Ein Rezept für Rotes Curry, gepostet während des Griechenlandurlaubs, unterschreibt das Paar mit den freundlichen Grüßen: »Eure sadistischen Kumpel F & F, die aufgrund eines Fluglotsenstreiks wahrscheinlich für immer hier bleiben müssen.« Am Ende kam's freilich anders, sodass Anna und Holger wieder aus ihrer 15 Quadratmeter großen, picobello Vorzeigeküche, gebaut auf weiße Ytong-Platten, bloggen – und nicht aus einer schummrigen, ouzo-geschwängerten Taverne. Wie das mit den Ytong-Platten eigentlich so aussieht und warum die Konstruktion länger gedauert hat als gedacht, verrät ein Klick auf »Küchenprojekt«. Klar, dass so eine Küche, die aussieht wie ein Labor, genau das richtige Umfeld für experimentelles Essen ist. Südtiroler Porridge mit Kräuterseitling, Mais-Tacos mit Bierpopcorn, japanischer Mochi-Kuchen mit Kirschen oder Rainbow Summerrolls. Wer noch einmal fragt, wo in Berlin-Kreuzberg Multikulti ultimativ harmonisch einhergeht: hier, auf dem Blog von Anna und Holger!

derultimative-kochblog

Anna König & Holger Wenzl
Berlin, Deutschland
www.derultimativekochblog.com

Q+A

Freestyle kochen oder nach Rezept?
Anna: Definitiv freestyle. Ich bin zu ungeduldig, um genaue Anweisungen zu befolgen.
Holger: Beides, ich verstehe durchaus den Vorteil daran, sich an Rezepte zu halten.

Wo habt ihr am meisten Geld für Essen ausgegeben?
Holger: Teuer war Weihnachten 2015. Da haben wir einen Riesenoktopus in Brüssel gekauft.
Anna: In Sydney in diesem tollen Restaurant, wo wir in 35 Minuten mit Aperitif, Vorspeise, Hauptspeise und Dessert abgefertigt wurden.

Wen würdet ihr gerne einmal bekochen?
Anna: Puhhhh. Mads Mikkelsen vielleicht? Aber nur, weil ich ein wenig auf ihn stehe…
Holger: Ach so, dann ich Marion Cotillard…

Was ist euer Lieblingsküchengerät?
Unsere Knoblauchpresse von Rösle. Geiles Teil!

Was ist euer Lieblingsdrink?
Anna: Weißwein.
Holger: Rotwein.

Das beste Katerfrühstück?
Holger: Eier in allen erdenklichen Formen.
Anna: Ich mag dann alles. Döner, Pizza, Pommes, Burger und vor allem NIE wieder Alkohol.

DER
ULTIMATE
KOCHBLOG

PASTA MIT OFENGERÖSTETEN KIRSCHTOMATEN, PIMIENTOS UND ZIEGENFETA

ZUBEREITUNG

Die gehälfteten Kirschtomaten mit der Fleischseite nach oben auf ein mit Backpapier ausgelegtes Backblech geben und im vorgeheizten Ofen bei 200 °C Ober-/Unterhitze 1 Stunde backen.

Die Rosmarinnadeln darübergeben, mit Agavendicksaft beträufeln und mit Meersalz und Pfeffer würzen. Weitere 30 Minuten backen, bis sie braun, aber noch nicht schwarz sind. Dafür bedarf es eines stetigen Blicks auf die Tomätchen.

In einer Pfanne ausreichend Olivenöl heiß werden lassen und die Pimientos unter Rühren braten, bis sie einige »Blasen werfen«. Mit Meersalz bestreuen.

Die Nudeln mit den Ofentomaten, Pimientos, Basilikumblättern und Ziegenfeta vermengen und ab in die Schlünde. Njammnjammnjamm!

ZUTATEN

Für 4 Personen

800 g Kirschtomaten, halbiert

1 EL Rosmarinnadeln

1 EL Agavendicksaft

Meersalz

frisch gemahlener Pfeffer

Olivenöl

400 g Pimientos de Padron, gewaschen und getrocknet

500 g Pasta, nach Packungsanleitung al dente gekocht

2 Handvoll Basilikumblätter

250 g Ziegenfeta, zerbröselt

»Jeder Mensch sollte diese Pasta in seinem Leben gegessen haben, sonst ist es ein trauriges Leben. Fritze findet das etwas anmaßend zu sagen, aber es stimmt halt. Und was hinter unserem Meersalz steckt, das wir immerzu erwähnen: Maldon Sea Salt! Wir sind süchtig danach.«

ZUTATEN

Für 2 Personen

Für die Kichererbsen

Olivenöl

1 kleine rote Zwiebel,
in feine Halbringe
geschnitten

200 g gekochte Kichererbsen,
abgespült und abgetropft

½ TL gemahlener
Kreuzkümmel

½ TL gemahlener Koriander

¼ TL Cayennepfeffer

Meersalz

Für die Sauce

3 EL Tahini (Sesampaste)

Saft von 1 Zitrone

6 EL Wasser

2 Knoblauchzehen,
zerdrückt

Meersalz

frisch gemahlener Pfeffer

Außerdem

2 Süßkartoffeln,
gewaschen und abgetrocknet

Olivenöl

80 g Belugalinsen,
nach Packungsanleitung
gar gekocht

½ Avocado, ausgelöst
und in Scheiben geschnitten

¼ Rotkohl, den Strunk
entfernt und in feine Streifen
geschnitten

1 Handvoll Babyspinat

1 Handvoll Kresse

½ Granatapfel,
die Kerne ausgelöst

OVEN-BAKED SWEET POTATO MIT TAHINI-ZITRONEN-SAUCE

ZUBEREITUNG

In einer Pfanne Olivenöl erhitzen und Zwiebel, Kichererbsen und
Gewürze darin kross braten. Mit Meersalz abschmecken.

Für die Sauce Tahini, Zitronensaft, Wasser und Knoblauch gut
miteinander verquirlen, bis eine homogene Masse entstanden ist.
Mit Meersalz und frisch gemahlenem Pfeffer abschmecken.

Den Backofen auf 200 °C Ober-/Unterhitze vorheizen,
die Süßkartoffeln in eine ofenfeste Form geben und 40 Minuten
backen. Dann die Süßkartoffel in der Mitte einschneiden,
das Innere mit etwas Olivenöl einreiben und noch mal 5 Minuten
weiterbacken.

Linsen, Avocado, Rotkohl, Babyspinat, Kresse, Granatapfelkerne
und Kichererbsen in die Süßkartoffeln füllen und mit der Tahini-
Zitronen-Sauce beträufeln.

*»Das Famose an diesem Rezept ist, dass es unendlich erweiterbar ist.
Ob mit Sauerkraut, Speck und Sour Cream oder mit Käse überbacken –
der Fantasie sind keine kulinarischen Grenzen gesetzt!«*

Das Balkonsozialprodukt Für regionale, saisonale Nahrungsmittel bietet sich die Biokiste, der Ökomarkt oder der eigene Garten an. Als Letzterer kann der 25 Quadratmeter große Gigabalkon von Eva-Maria Hoffleit und Philipp Lawitschka im ländlichen Remstal bei Stuttgart locker durchgehen. Sonnenliegen oder leere Pfandkästen haben darauf nichts verloren. Dafür Blumentöpfe, -kästen und -ampeln, in denen es mehr wuchert als in den Gärten von Seramis. Eine Inventur aus dem Jahr 2016 ergab unter anderem: 1,4 kg dicke Bohnen, 800 g Cocktailtomaten, 3 Auberginen, 5 Maiskolben, 1 Weinbergpfirsich und 1 Granatapfel. Was damit passiert? Das wissen wir von ihrem Blog *Ye Olde Kitchen,* der nach einer altenglischen Phrase für »die alte Küche« benannt ist. Die dicken Bohnen wandern in einen Salat mit knackigem Kohlrabi, vielen Kräutern und essbaren Blüten. Auberginen und Tomaten in eine Caponata, die einen Hauch von Sizilien nach Stuttgart bringt. Mit dieser nachhaltigen Art zu kochen will *Ye Olde Kitchen* weniger den Oberlehrer spielen als die »Omma«. Das heißt, wie vor 50, 60 Jahren essen, als es im Winter keine faden, aus Afrika importierten Erdbeeren gab, sondern eingeweckte Früchte vom Sommer. Die Rezepte und Gartentipps sind entsprechend nach Jahreszeiten sortiert. Wo Eva und Philipp am liebsten essen? Klar, an einem lauen Sommerabend auf dem Balkon. Da träumen sie auch von ihrem eigenen Bio-Hotel.

Ye Olde Kitchen

Eva-Maria Hoffleit & Philipp Lawitschka
Fellbach, Deutschland
www.yeoldekitchen.com

Q+A

Welches Gewürz benutzt ihr am häufigsten?
Wir verwenden meistens nur Salz, Pfeffer und frische Kräuter vom Balkon. In der kalten Jahreszeit greifen wir auf unseren selbst gemachten Kräutersalzvorrat zurück.

Welche Zutat findet ihr am vielseitigsten?
Die Kartoffel: in salzig oder süßer Variante aus unterschiedlichen Sorten, aus rohen, gekochten oder gebackenen Kartoffeln.

Welche Länderküche mögt ihr am liebsten?
Eva die italienische und Philipp die japanische Küche.

Was ist euer Lieblings-Fingerfood?
Lachshäppchen.

Pizza essen gehen oder selber machen?
Pizza beim Lieblingsitaliener abholen und zu Hause vor dem Fernseher essen.

Was esst ihr zum Frühstück?
Meistens Porridge mit Früchten und Nüssen.

GRÜNKOHL-PASTA

ZUBEREITUNG

Die Nudeln al dente kochen. Das Nudelwasser für die Sauce aufheben.

Die Grünkohlblätter von den Stielen trennen und in kleine Stücke schneiden. Strunk und Stiel sind zu hart und wären deshalb unangenehm beim Essen. Beides kann jedoch z. B. für eingesalzenes Gemüse verwendet werden.

Zwiebel und Knoblauch in Olivenöl in einer Pfanne anbraten. Den Grünkohl dazugeben und etwa 5 Minuten anbraten. Mit einem guten Schuss Weißwein ablöschen. Den Grünkohl mit 1 Esslöffel Mehl bestäuben, Sahne und Milch angießen und alles gut verrühren. Mit dem Nudelwasser auf die gewünschte Konsistenz bringen.

Den Gorgonzola klein schneiden und unterrühren. Mit einer ordentlichen Prise Muskatnuss und Pfeffer würzen. Sonnenblumenkerne in einer unbeschichteten Pfanne ohne Fett anrösten.

Die Nudeln auf Teller verteilen, Grünkohlsauce darübergeben und mit Sonnenblumenkernen bestreuen. Wer möchte, kann noch Chiliflocken darüberstreuen.

ZUTATEN

Für 4 Personen

500 g Nudeln
(wir bevorzugen
Mezzi Rigatoni)

250 g Grünkohl

1 Zwiebel,
fein gewürfelt

1 Knoblauchzehe,
fein gewürfelt

1 EL Olivenöl

1 Schuss Weißwein

1 EL Mehl

200 g Sahne

400 ml Milch

200 g Gorgonzola

1 Prise Muskatnuss

Pfeffer

4 EL Sonnenblumenkerne

Chiliflocken (optional)

»Das war unser erstes Rezept mit Grünkohl. Es ist so lecker. Wir lieben ja die einfachen Gerichte, bei denen mit wenigen Zutaten und geringem Zeitaufwand am Ende ein tolles Gericht herauskommt.«

HASELNUSS-GNOCCHI MIT GEBRATENEM ROSENKOHL

ZUTATEN

Für 4 Personen

Für die Gnocchi

1,2 kg Kartoffeln,
mehligkochend, geschält
und klein geschnitten

100 g gemahlene Haselnüsse

50 g feiner Weizengrieß

160 g Mehl
(wir nehmen Dinkelmehl
Type 630)

1 Ei

400 g Rosenkohl,
in feine Streifen geschnitten

2 EL Butter

Salz

Für die Sauce

1 Schalotte,
klein geschnitten

1 EL Butter

1 Schuss Weißwein

1 EL Mehl

100 ml Milch

200 g Sahne

Salz

Pfeffer

frisch geriebene Muskatnuss
nach Belieben
(wir nehmen 4 gute Prisen)

Außerdem

60 g Haselnüsse

2 EL Zucker

ZUBEREITUNG

Zuerst die Kartoffeln in Salzwasser kochen, bis sie gar sind. Währenddessen Zucker in einer Pfanne karamellisieren lassen und die Haselnüsse unterrühren. Die Haselnüsse auf einem Schneidebrett ausbreiten und abkühlen lassen. Die Kartoffeln abgießen und etwas auskühlen lassen.

Für die Sauce die Schalotte in Butter anbraten. Mit Weißwein ablöschen, kurz einreduzieren lassen und das Mehl unterrühren. Milch und Sahne angießen, kurz aufkochen und beiseite stellen.

Die Kartoffeln mit einem Kartoffelstampfer zu Brei verarbeiten oder durch die Kartoffelpresse drücken und mit Weizengrieß, Mehl und Ei zu einem Teig verkneten. Falls der Teig zu feucht ist, noch etwas Mehl hinzufügen. Einen Topf mit Wasser aufstellen und simmern lassen.

Ein Stück vom Teig nehmen und auf einer bemehlten Fläche zu einer 1–2 cm dicken Rolle formen. Von der Rolle jeweils etwa 1 cm große Stücke abschneiden. Wer möchte, kann die Stücke noch besonders formen oder mit einer Gabel eindrücken. Die Gnocchi ins Wasser geben und kurz gar ziehen lassen, bis sie an der Oberfläche schwimmen. Mit einer Schaumkelle abschöpfen und auf einen Teller oder eine Platte geben.

Butter in zwei Pfannen schmelzen und jeweils Rosenkohl und Gnocchi darin anbraten. Währenddessen die Sauce nochmals aufkochen und mit Salz, Pfeffer und Muskatnuss abschmecken. Die karamellisierten Haselnüsse grob hacken.

Wer möchte, mischt Rosenkohl, Gnocchi und Sauce direkt in einer Pfanne, richtet alles in tiefen Tellern an und bestreut das Ganze mit den Haselnüssen. Alle Freunde der schönen Tellerpräsentation dürfen sich gern austoben.

»Manchmal darf ein Gericht ruhig aufwendig in der Zubereitung sein. Gnocchi selbst zu machen dauert zwar etwas länger, sollte man aber unbedingt ausprobieren. Am besten bereitet man gleich etwas mehr zu und friert sie nach dem Garen ein. Die Variante mit gebratenem Rosenkohl ist ein herrliches Wintergericht.«

Tiny Spoon

Julia Radtke
Berlin, Deutschland
www.tiny-spoon.com

Ein Polentaherz für Kinder Julia Radtke ist Mama von Flynn. Flynn ist vier Jahre alt und isst alles gerne, am liebsten Nudeln mit Butter und Käse beim Italiener. Das war nicht immer so. Seitdem Flynn etwas über ein halbes Jahr alt war, wurde er zum mäkeligen Esser. Mit Gläschen war da nichts zu machen. Also wurde Julia, die eigentlich Architektin ist, in der Küche aktiv. Aus a) Not und b) Kochbegeisterung entstanden Rezepte wie Banane-Avocado-Quinoa-Brei, pinker Rote-Bete-Brei, selbst gemachtes Schokomus, Bananen-Gespenster oder gebackene Polentaherzen. Die schmeckten Flynn – und beeindruckten die anderen Mütter in der Kita, die nach dem Rezept fragten. Das war der Startschuss für *Tiny Spoon*, ein Blog, der längst über die Brei-Konsistenz hinausgeht. Je älter Flynn wurde, desto ausgefeilter wurden die kindertauglichen Rezepte – und die für Erwachsene. Homemade Spinat-Feta-Börek (perfekt für beides, den Kindergeburtstag und den Umtrunk am Abend), Fingerfood-Silvestersnacks, gesunder Salat mit Apfel und Sellerie und Pfannkuchen in einer neuen Dimension, nämlich als Blaubeeren-Crêpe-Torte. Da greift auch gerne der große Löffel zu. In einer stressigen Woche empfiehlt Julia übrigens, einfach ein großes Blech Ofengemüse zu machen. Das schmeckt frisch aus dem Ofen und in den nächsten Tagen in Pasta oder Salat.

Q+A

Welches Gericht lieben alle Kinder?
Definitiv Pasta.

Pizza essen gehen oder selber machen?
Definitiv essen gehen. Aber mit Kindern macht es auch mal Spaß, eine Pizza zu Hause selber zu machen.

Hast du Vorbilder beim Kochen?
Keine direkten. Aber ich finde Menschen inspirierend, die gerne Neues ausprobieren und Spaß am Essen haben.

Welche Zutat findest du am vielseitigsten?
Haferflocken und Avocado, weil man sie süß sowie salzig super verwenden kann.

Exotisch oder lokal?
Lokal.

Süß oder salzig?
Süß.

KARTOFFEL-ERBSEN-TALER

ZUBEREITUNG

Die Erbsen aus dem Tiefkühlfach nehmen, damit sie schon etwas antauen können.

Die Kartoffeln mit etwas Wasser zum Kochen bringen (sie sollten alle mit Wasser bedeckt sein) und kochen, bis sie gar sind. Je nach Größe kann die Zeit variieren (ca. 20–30 Minuten).

Anschließend das Wasser abgießen und die Kartoffeln mit einem Kartoffelstampfer zerdrücken. Es muss kein glattes Püree werden, ein paar Stücke sind erlaubt.

Erbsen, Käse, Mehl, Ei und Gewürze hinzugeben und alles gut miteinander vermengen.

Um die Taler zu machen, einen Esslöffel als Portionierer nehmen und mit den Händen kleine Taler formen.

Eine Pfanne erhitzen und etwas Butter hineingeben. Die Taler von beiden Seiten ca. 2–3 Minuten braten, bis sie goldbraun sind.

TIPP

Wer die Taler für ganz Kleine zubereitet, reduziert einfach die Gewürze oder lässt sie sogar ganz weg. Die Erbsen können zuvor auch etwas mit dem Kartoffelstampfer zerkleinert werden.

ZUTATEN

Für ca. 20 Taler

800 g Kartoffeln, mehligkochend, geschält und geviertelt

120 g TK-Erbsen

60 g geriebener Käse (z. B. Gouda)

1 EL Mehl (Weizen oder Buchweizen)

1 Ei

1 Msp. Muskat

⅓ TL Salz

etwas Pfeffer

Butter zum Braten

»Mit einem kleinen Essanfänger zu Hause, der schnell gelangweilt von Brei, aber trotzdem noch zahnlos unterwegs war, musste ich immer etwas kreativ werden. Mit diesen Kartoffel-Erbsen-Talern hatte er das Gefühl, zu essen wie die Großen. Obwohl die Taler eigentlich aus Kartoffelbrei bestehen, lassen sie sich prima in die Hand nehmen.«

SPAGHETTI MIT GARNELEN IN WEISSWEIN-SAUCE

ZUTATEN

Für 4 Personen

500 g Spaghetti

etwas Olivenöl

1 Zwiebel,
fein gewürfelt

400 g Garnelen

150 ml Weißwein

400 g Sahne

Salz

Pfeffer

1 Bund Petersilie,
fein gehackt

1 kleine Chilischote,
entkernt und fein gewürfelt

ZUBEREITUNG

In einem großen Kochtopf ausreichend Wasser für die Spaghetti zum Kochen bringen. Die Spaghetti nach Anleitung al dente kochen.

In einer großen Pfanne etwas Olivenöl erhitzen und die Zwiebeln glasig andünsten. Nun die Garnelen dazugeben und für ca. 3 Minuten anbraten.

Mit Weißwein und Sahne ablöschen und die Sauce für 5 Minuten einköcheln lassen.

Nach Belieben salzen und pfeffern.

Petersilie und Chili zur Sauce geben und mit den Spaghetti servieren.

»Diese Spaghetti sind das perfekte Essen für einen netten Abend mit Freunden. Sie sind einfach und schnell zubereitet und dabei trotzdem ganz besonders. Dazu ein kalter Weißwein und der Abend ist geritzt.«

Der Food Think Tank Als Mel Buml vor sieben Jahren anfing, auf *GourmetGuerilla* über Essen zu bloggen, glaubte sie zunächst noch, dass sie damit in Deutschland die Einzige sei. Diese Zeiten sind 2017 längst vorbei. Mel ist inzwischen ein alter Fuchs im Foodblogging, der sich auch mit den Themen unter der Tischdecke auseinandersetzt und dabei den ein oder anderen revolutionären Post wagt. Im Februar 2015 schrieb sie einen Beitrag, der besonders kontrovers diskutiert wurde: »Was so ein Blog im Monat überhaupt kostet« und warum die Leser das wissen sollten, bevor sie gegen Werbung auf Blogs wettern. Denn mit dem Business drum herum kennt sich die ehemalige Agentur-Strategin aus und bringt diese Erfahrungen auch regelmäßig in ihre Blog-Rubrik »Think Tank« ein. Für die Praxis tischt sie hingegen sieben knackige Tipps für tolle Foodfotos auf (z.B.: »Blattsalate nicht komplett mit dem Dressing durchmischen und dann anrichten. Der Salat fällt durch das Dressing schnell zusammen und sieht glitschig aus.«). Auch bei den Rezepten hat Mel genauso viel Lust auf Neues. Der rote Faden in ihrer Vier-Quadratmeter-Guerillaküche hat sich aus ihrem eigenen Alltag als berufstätige Mutter entwickelt: frische Rezepte, die man schnell und lecker kochen kann. So reicht die Bandbreite auf *GourmetGuerilla* von Klassikern wie Blumenkohlgratin bis hin zu fancy Kreationen wie Low-Carb-Zucchini-Quark-Lasagne. Wegen dieser Vielfalt ist jeder Klick auf *GourmetGuerilla* so schön, wie eine Überraschungstüte zu öffnen!

GourmetGuerilla

Mel Buml
Hamburg, Deutschland
www.gourmetguerilla.de

Q+A

Was ist dein Lieblingsdrink?
Es gibt nichts, dass drei Gin Tonic nicht wieder gerade rücken könnten. Queen Mum lag in dieser Sache absolut richtig.

Das beste Katerfrühstück?
Ein geteilter Dönerteller unter der Bettdecke. Ansonsten mag ich es am »Morgen danach« scharf, knusprig und würzig mit einem Klacks »Kühl«. Kimchi-Waffeln mit Erbsen-Hummus, Bacon, Spinat und Spiegelei irgendjemand?

Was isst du, wenn es dir nicht gut geht?
Wenn ich angespannt bin oder unter Stress stehe, achte ich besonders darauf, mir Zeit für das Kochen und Essen zu nehmen. Ein liebevoll zubereitetes Gericht ist Seelenbalsam.

Wen würdest du gerne einmal bekochen?
Agatha Christie. Meine Lieblings-Krimi-Autorin war nicht nur eine sehr interessante Frau, sie hatte auch eine ausgesprochene Leidenschaft für Butter. Das ist ein sehr guter Ansatz für ein gemeinsames Essen.

Freestyle kochen oder nach Rezept?
Regelmäßig freestyle! Da entdecke ich ganz oft tolle neue Kombinationen und Rezepte. Und ich mag den kreativen Prozess beim Kochen ohne Rezept total gern. Malen in der Pfanne sozusagen.

Was ist das Ausgefallenste, was du je gegessen hast?
Die sauren Nierchen, die meine Oma zubereitet hat.

GOURMET-
GUERILLA

CROSTINI MIT ZIEGENKÄSE UND PERSIMON-CRANBERRY-CHUTNEY

ZUTATEN

Für 10 Crostini

Für 2 mittelgroße Gläser Chutney

1 EL Kokosöl, Ghee oder Speiseöl

1 größere rote Zwiebel, in schmale Spalten geschnitten

1 daumengroßes Stück Ingwer, gehackt

1 kleine mittelscharfe Chilischote, entkernt und gehackt

1 Sternanis

200 g getrocknete Cranberrys

150 ml Wasser

2 EL brauner Zucker

60 ml weißer Balsamicoessig

1 Zweig frischer Rosmarin

2 Persimon, ohne Blüte, gewürfelt

2 Msp. gemahlene Vanille

1 Prise Salz

Außerdem

1 Ciabatta, Wurzelbrot oder Baguette

2 Rollen Ziegenweichkäse à 200 g

½ Persimon, in dünne Spalten geschnitten

2–3 Zweige frischer Rosmarin (optional)

ZUBEREITUNG

Für das Chutney das Fett in einem mittelgroßen Topf bei milder Hitze zerlassen. Zwiebeln, Ingwer, Chili und Sternanis darin ein paar Minuten anschwitzen. Die Cranberrys in den Topf geben und mit dem Wasser ablöschen. Zucker, Essig und einen Zweig Rosmarin dazugeben und einmal sprudelnd aufkochen lassen. ⅔ der gewürfelten Persimon, Vanille und Salz einrühren und so lange köcheln lassen, bis die Flüssigkeit bis auf einen kleinen Rest reduziert ist. Dann die restliche gewürfelte Persimon dazugeben und eine weitere Minute kochen lassen. Rosmarin herausfischen und wegwerfen. Das sehr heiße Chutney bis zum Rand in saubere Twist-off-Gläser füllen und umgedreht auf einem Geschirrtuch abkühlen lassen, damit sich ein Vakuum bildet. Das Chutney hält sich unangebrochen mehrere Wochen.

Den Ofen auf 180 °C Ober-/Unterhitze vorheizen.

Das Brot in 2 cm dicke Scheiben schneiden. Die Ziegenrollen in je 10 Scheiben schneiden und das Brot damit belegen. Auf ein Blech setzen und im oberen Drittel des Ofens ca. 5–8 Minuten überbacken, bis der Käse Blasen wirft und an den Kanten leicht gebräunt ist. Das Ganze am besten im Auge behalten, damit nichts verbrennt.

Die Crostini aus dem Ofen holen, mit den Persimonspalten belegen und je einem Löffel Chutney krönen. Nach Belieben noch mit kleinen Rosmarinzweigen garnieren. Unbedingt warm servieren.

»Diese Crostini sind eine salzig-süße, krosse Angelegenheit, die sich wunderbar als Häppchen, Gruß aus der Küche, Vorspeise oder mit einem Salat als besondere Hauptmahlzeit servieren lässt. Das Persimon-Cranberry-Chutney lässt sich ganz einfach im Voraus zubereiten und ›einmachen‹, sodass man später in wenigen Minuten die köstlichen Häppchen auch bei spontanem Hunger (oder den berühmten, unangemeldet reinschneidenden Gästen) zubereiten kann.«

MAKKARONI MIT LINSEN-BOLOGNESE

ZUTATEN

Für 3–4 Personen

120 g rote Linsen

2 EL Olivenöl

1 Knoblauchzehe,
fein gehackt

1 cm Ingwerwurzel,
fein gehackt

2–3 Möhren (ca. 350 g),
fein gewürfelt

1 Stück Knollensellerie oder
Stangensellerie (ca. 300 g),
fein gewürfelt

2 rote Paprika, fein gewürfelt

2 Zwiebeln, fein gewürfelt

100 ml Wasser

2 Dosen gehackte Tomaten
(à 400 g)

2 EL Tomatenmark

2 TL frische Kräuter
(z. B. Thymian, Rosmarin,
Oregano), gehackt

2 TL brauner Zucker

Salz

Pfeffer

2 EL Rotweinessig

400 g Makkaroni
(500 g, wenn alle richtig
viel Hunger haben)

Parmesan und/oder frische
Kräuter zum Servieren

ZUBEREITUNG

Die roten Linsen in einem Sieb unter kaltem Wasser abspülen und abtropfen lassen. In einem Topf mit Wasser (ohne Salz!) bedecken, bei mittlerer Temperatur aufkochen und ca. 5–7 Minuten köcheln lassen, bis sie gerade bissfest sind. Abgießen und zur Seite stellen.

Olivenöl erhitzen und Knoblauch sowie Ingwer sanft für 1 Minute andünsten. Das gewürfelte Gemüse zugeben, die Hitze erhöhen und unter Rühren 3 Minuten braten. Mit Wasser ablöschen und die gehackten Tomaten zugeben.

Tomatenmark, Kräuter und Zucker unterrühren. Mit Salz und Pfeffer kräftig würzen und 15 Minuten bei niedriger Temperatur köcheln lassen. Dann Linsen und Rotweinessig unterrühren und kurz in der Sauce ziehen lassen. Eventuell noch einmal mit Salz und Pfeffer abschmecken.

Die Nudeln al dente kochen und auf Teller verteilen. Mit der Linsen-Bolognese, Parmesan und/oder frischen Kräutern servieren.

»Eine unglaublich leckere vegetarische Variante zur klassischen Bolognese mit Fleisch. Da bekommen Linsen (und das andere versteckte Gemüse) einen riesigen Push auf der Beliebtheitsskala bei den Kids. 100 Prozent familien-erprobt!«

Gesundes von der Schokoladenseite *Individualisten*?
Klingt wie ein progressives Künstlerkollektiv, ist aber
nur eine Person, Eva Schwaighofer. Der Blogname richtet
sich an Evas Leser, die wie sie beim Essen von der Norm
abweichen und sich zucker- und glutenfrei ernähren.
Industriezucker boykottiert Eva ebenso wie Tofu aus dem
Supermarkt, weil »da oft zu viel Gentechnik drinsteckt,
weswegen ich lieber zu fermentierten Sojabohnen greife«.
Diskurse wie dieser machen *Individualisten* zu mehr als
einem reinen Rezeptsortiment. Hingegen aber zu einem
ganzheitlichen Magazin. In dem widmet sich Eva Themen
wie Meditation, Pilates, chemiefreie Naturkosmetik oder
Superfoods. Weil Eva, die sich selbst als »Gesundheits-
freak« bezeichnet, zumindest aufs Naschen nie verzichten
würde, packt sie in ihre süßen Rezepte einen Hauch von
Datteln, Honig oder Ahornsirup. Was so dezent ist, dass die
Hauptbestandteile wie Kakao oder Kokos keinesfalls platt
überdeckt werden, sondern ihr volles Geschmackskaliber
behalten. In ihren Workshops macht Eva die Erfahrung,
dass diese Süßigkeiten ihren Teilnehmern besser schmecken als Konventionelles. Das Beste: Für die braucht es
nicht mehr Zeit, als im Laden einen Schokoriegel zu kaufen.
So viel Individualismus (und Idealismus) in Ehren.
Allerdings lässt auch Eva noch gelegentlich Sünden zu:
»Wenn meine Mutter Kuchen gebacken hat, kann ich
nicht Nein sagen.«

Individualisten

Eva Schwaighofer
Bad Vigaun, Österreich
www.individualisten.at

Q+A

Exotisch oder lokal?
Lokal. Wenn man lokale Superfoods mit den
exotischen Versionen vergleicht, können
der hier beheimatete Brokkoli oder auch
Leinsamen sowie Preiselbeeren locker mit-
halten.

Süß oder salzig?
Süß. Aber nur mit wertvollen Inhaltsstoffen,
die so naturbelassen wie möglich sind.

Hast du Vorbilder beim Kochen?
Ich lasse mich von allen inspirieren.

Wen würdest du gerne einmal bekochen?
Meine Oma. Es würde mich interessieren,
ob sie die Nase gerümpft hätte oder begeis-
tert gewesen wäre, wenn ich ihr meine
zuckerfreien Kreationen serviert hätte.

Welche Zutat findest du am vielseitigsten?
Zimt. Der wirkt stabilisierend auf den
Blutzuckerspiegel und hilft dabei, das
Zuckerverlangen zu bremsen. Man kann das
Gewürz sowohl in süßen als auch pikanten
Rezepten verwenden.

Freestyle kochen oder nach Rezept?
Definitiv freestyle. Mir fällt es schwer,
nicht mindestens eine Sache an einem
Rezept zu verändern, und animiere auch
meine Leser dazu, das Gleiche mit meinen
Rezepten zu tun. So bekommt man ein
Gespür für Zutaten und Lebensmittel im
Allgemeinen.

INDIVIDUA-
LISTEN

WEISSE SCHOKOLADE

ZUBEREITUNG

Die Kakaobutter im Wasserbad schmelzen und dann mit dem Kokosmus zur einer cremigen Masse verrühren.

Die restlichen Zutaten untermischen und die flüssige Schokolade in Förmchen abfüllen oder auf einem mit Backpapier ausgekleideten Teller gleichmäßig verteilen.

Sofort kalt stellen und nach rund 1 Stunde genießen.

ZUTATEN

Für 1 Tafel

50 g Kakaobutter

2 EL Kokosmus

1 Prise Salz

2 EL Ahornsirup

Saft von ½ Zitrone

»Vor allem Kokosprodukte sind wertvolle Fettquellen für uns, die uns sogar dabei helfen, unseren Heißhunger auf typisches Junkfood zu zähmen.«

VANILLE-SCHOKOTORTE

ZUTATEN

Für 1 Kuchen

Für den Boden

75 g Kokosöl

4 EL Ahornsirup

40 g Traubenkernmehl

70 g Buchweizenmehl

40 g Kokosraspel

Für die Füllung

½ Dose Kokosmilch

50 g Kokosmus

1 Prise Salz

1 ½ EL Reissirup

½ TL Agar Agar

1 EL rohes Kakaopulver

1 TL Vanillepulver

Außerdem

frische Beeren der Saison

ZUBEREITUNG

Das Kokosöl im Wasserbad schmelzen und mit dem Sirup vermischen. Im Anschluss das Öl-Sirup-Gemisch mit beiden Mehlsorten und den Kokosraspeln vermengen und gleichmäßig in einer Kuchenform verteilen. Mit den Fingern flach drücken und dabei einen rund 0,5 cm hohen Rand formen.
Den Boden 10 Minuten im vorgeheizten Ofen bei 180 °C Ober-/Unterhitze backen, bis er fest ist.

Die Zutaten für die Füllung, mit Ausnahme des Kakao- und Vanillepulvers, miteinander vermischen und kurz aufkochen lassen. Kakao- und Vanillepulver untermischen.
Für ein paar Minuten auskühlen lassen, um die cremige Masse dann vorsichtig über dem fertigen und bereits ausgekühlten Boden zu verteilen. Die Torte kalt stellen und vor dem Servieren mit frischen Beeren garnieren.

»Dieses Rezept kommt ganz ohne Zucker und mit sehr wenig alternativen Süßungsmitteln aus. Dennoch hat die Torte bisher noch jeden Skeptiker der ›zuckerfreien Küche‹ überzeugt und liefert außerdem zahlreiche wertvolle Nährstoffe.«

LITTLE
CITY

Little City

Valeria Mella
Bonstetten, Schweiz
www.littlecity.ch

Reisepass voller Rezepte Ihren Blog vergleicht Valeria Mella mit einem Gemischtwarenladen: »Little City ist eine kleine Welt an Dingen, die wir lieben. Für jedes Bedürfnis ist etwas dabei.« Valerias persönliches Bedürfnis ist es, ständig auf Achse zu sein. Nicht nur in ihrem Heimatland Schweiz. Die Stempel in den Pässen von Valeria und Adi, ihrem Mann und Videopartner, attestieren jede Menge Traumdestinationen. Ein Auszug aus den Routen der letzten Monate: Seychellen, Lappland, Oman, Thailand, Barcelona, Florenz, Panama. Welcher Arbeitgeber dieser Welt so viel freigibt? Keiner. Muss aber auch nicht sein. Seit 2015 machen die beiden ihr eigenes Business – als Blogger und als Blogger-Relations-Berater. Die Rezepte, mit denen 2012 alles anfing, als die beiden noch festangestellt im Online-Marketing arbeiteten, werden weitergeführt. Wegen des straffen Zeitplans der Zwei fallen die aber so schnell aus wie der Check-in in Berlin-Tegel. Valeria schwört so auf One Pot Pasta, die auf Little City immer wieder gut geklickt wird, gefüllte Aubergine, selbst gemachtes Knuspermüsli und schnellen Tassenkuchen. In der Web-Serie »Chochquatsch« gibt es das Ganze auch als Videos mit wechselnden Gästen.

Q+A

Exotisch oder lokal?
Kommt darauf an, wo ich gerade bin: zu Hause lokal, auf Reisen richtig gern exotisch.

Welche Länderküche magst du am liebsten?
Ganz klar die italienische, ich könnte nicht ohne Pasta leben! Dicht gefolgt von der thailändischen Küche.

Wo hast du am meisten Geld für Essen ausgegeben?
Bei uns zu Hause in Zürich, ständig.

Was war das Beste, was du je auf Reisen gegessen hast?
Da hat Thailand sehr viel zu bieten. Fried Noodles von einem Thai Street Food Market oder ein typisches Kokos-Thai-Curry in einem einfachen Straßenrestaurant auf Koh Chang stehen hoch oben auf meiner Favoritenliste.

Was ist dein Lieblingsdrink?
Frisches Kokosnusswasser, direkt aus der Kokosnuss! Am liebsten frisch von der Palme gepflückt.

Welche Zutat findest du am vielseitigsten?
Pasta. Ich liebe Pasta in jeder erdenklichen Form oder Farbe! Ob als Salat, mit einer feinen Sauce, in Suppen oder als Gratin – Pasta geht einfach immer.

RAMEN-BURGER

ZUBEREITUNG

Die Nudeln mit den mitgelieferten Gewürzen kochen und auskühlen lassen. Dann mit einem Ei mischen, in ein rundes Förmchen in der Größe der Burger geben und 20 Minuten in den Kühlschrank stellen.

Den Ketchup mit der Süß-Sauer-Sauce mischen.

Das Fleisch und das eingeweichte Brot mit den Händen mischen, kräftig würzen, zu einem Burger-Patty formen. Den Burger anbraten und danach mit etwas Sojasauce beträufeln. Den Burger ziehen lassen.

Die Ramen-Buns aus dem Kühlschrank nehmen und vorsichtig auf beiden Seiten anbraten. Sie sollten außen leicht knusprig und innen noch schön weich sein.

Das zweite Ei als Spiegelei und, wer mag, den Speck anbraten.

Nun kann der Burger nach Belieben mit Fleisch, Zwiebeln, Rucola und weiteren Zutaten zusammengesetzt werden!

ZUTATEN

Für 1 Burger

1 Pck. chinesische Instant-Nudeln (für 3 Burger reichen 2)

2 Eier

2 EL Ketchup

2 EL Süß-Sauer-Sauce

250 g Hackfleisch

1 Scheibe Brot (z. B. vom Vortag), in Milch eingelegt

etwas Salz

1 EL Sojasauce

½ Zwiebel, angedünstet

etwas Rucola

Optional

Speck, Käse, Tomaten oder Gurken

»Die Kombination aus chinesischen Nudeln, dem Burger und der asiatisch angehauchten Sauce ist einfach himmlisch und viel einfacher hinzukriegen, als man denkt.«

MIT QUINOA GEFÜLLTE AUBERGINEN

ZUTATEN

Für 2 Personen

2 Auberginen

etwas Olivenöl

Salz

Pfeffer

100 g Quinoa

1 Zwiebel, gewürfelt

½ Zucchini, gewürfelt

1 Knoblauchzehe, fein gehackt

1 Handvoll Cherrytomaten, klein geschnitten

frische Petersilie, fein gehackt

ZUBEREITUNG

Die Auberginen halbieren und die Innenseite kreuzförmig einschneiden. Die Auberginenhälften mit der Schnittseite nach oben auf ein Backblech legen, großzügig mit Olivenöl bestreichen und mit Salz und Pfeffer würzen. Im vorgeheizten Ofen ca. 40 Minuten bei 200 °C Ober-/Unterhitze backen, bis die Auberginen weich sind.

Den Quinoa in einem feinmaschigen Sieb abspülen und in Salzwasser ca. 15 Minuten lang köcheln lassen, bis er weich ist.

Etwas Öl in einer Bratpfanne erhitzen und erst die Zwiebeln andünsten, bevor Zucchini, Knoblauch, Tomaten und Petersilie dazugegeben werden. Ca. 5 Minuten dünsten, anschließend würzen und alles zum fertigen Quinoa geben.

Auberginen aus dem Ofen nehmen, mit einem Löffel etwas eindrücken, die Quinoa-Mischung darübergeben und servieren.

»Wer Quinoa und Auberginen auch so sehr mag wie ich, wird dieses Rezept lieben! Das Gericht ist ganz einfach zubereitet, sehr leicht und einfach lecker.«

Die beste After-Work-Adresse Wie oft kommt es vor, dass man abends Freunde zum Essen eingeladen hat und dann doch zu lange im Büro sitzt, um das »Perfekte Dinner« zu inszenieren. Gut beraten ist man in solchen Fällen mit einem Besuch auf *Because you are hungry*. Die Rezeptideen der beiden Wiener Toni und Bene sind erstens unkompliziert, zweitens schnell zubereitet und drittens so international wie die UN. Eines ihrer Paradegerichte ist Asia Beef: scharf angebratenes Rindfleisch mit Reis. Wo das Rezept herkommt, wissen die beiden nicht mehr. Dafür haben sie es viel zu oft gemacht, weil es »nach der Arbeit einfach ruck-zuck geht«. Essen wie dieses macht es einem leicht, sich trotz stressigem Alltag Zeit zum Kochen zu nehmen. Nämlich genau das zu tun, ist laut Toni und Bene das Hauptanliegen von *Because you are hungry*. Die beiden Foodblogger sind selbst viel beschäftigt, seit sie mit ihrer im Herbst 2015 gegründeten Agentur Kitchen Konsulting Gastronomen in Sachen Neueröffnung oder Neuausrichtung beraten und für Firmen Rezepte in Form von Videos und Text produzieren. Daher ist *Because you are hungry* ein »uninszeniertes Abbild« ihres Lebens. Ein schneller Asia-Salat mit Reisnudeln, Gurke, Avocado und Koriander passt da immer noch rein. Mozzarella mit Zitrusfrüchten ist so schnell zubereitet wie Caprese, aber weitaus kreativer. Das Beste: Der Umweg zum Spezialitätenmarkt entfällt. Die gesparte Zeit investiert man besser in Staubsaugen (bevor der Besuch kommt) oder Entspannen (beim »Dinner for One«).

Because you are hungry

Antonia Kögl & Benedikt Steinle
Wien, Österreich
www.youarehungry.com
www.kitchenkonsulting.at

Q+A

Freestyle kochen oder nach Rezept?
Wir kochen immer freestyle und schreiben anschließend das neue Rezept auf, sodass unsere Leser es nachkochen können.

Was kocht ihr für 10 Personen als Hauptgericht?
Für 10 Personen bieten sich immer Schmorgerichte an, da man hier große Mengen ohne viel Aufwand zaubern kann. Mit ein wenig Vorbereitung lieben wir auch sous-vide-gegartes Fleisch.

Was kocht ihr für euren Liebsten?
Toni wünscht sich von Bene immer sein grandioses Pork-Belly-Wok-Gericht mit Udon-Nudeln, Toni verwöhnt Bene mit tollen Pasta-Gerichten. Aber am liebsten kochen wir gemeinsam.

Was ist das Ausgefallenste, was ihr je gegessen habt?
Vielleicht nicht das ausgefallenste, aber das spannendste kulinarische Erlebnis hatten wir bei Magnus Nilsson. Hier wird »100 % regional« gelebt, und wir hatten nicht eines, sondern 26 grandiose Gerichte auf dem Teller.

Obst oder Kuchen?
Obstkuchen.

Süßkartoffeln oder Nudeln?
Nudeln!

BECAUSE
YOU ARE
HUNGRY

KRÄUTER-KÄSE-RISOTTO MIT PFANNENGEMÜSE

ZUBEREITUNG

In einem Topf 2 Esslöffel Butter bei mittlerer Hitze zerlassen. Reis hinzugeben und unter ständigem Rühren für 2 Minuten andünsten. Hitze etwas reduzieren, mit Weißwein ablöschen und so lange weiterrühren, bis die Flüssigkeit aufgesogen ist. Mit der Gemüsebrühe aufgießen und in 25 Minuten unter ständigem Rühren al dente kochen. Nach 5 Minuten die fein gehackten Kräuter dazugeben.

In einer Pfanne die zweite Portion Butter erhitzen und das Gemüse in der Reihenfolge »hart« zu »weich« andünsten, jedoch nicht zu lange in der Pfanne lassen, damit das Gemüse noch schön knackig bleibt; den Babyspinat erst kurz vor dem Servieren unterheben, da er sonst einfällt. Mit grobem Meersalz abschmecken.

Wenn das Risotto al dente ist, den grob geriebenen Emmentaler langsam unterheben und für weitere 3 Minuten rühren. Mit Salz und Pfeffer abschmecken.

Das fertig abgeschmeckte Risotto gemeinsam mit dem knackigen Pfannengemüse servieren.

ZUTATEN

Für 4 Personen

2 EL Butter
plus 3 EL für das Gemüse

400 g Risottoreis

90 ml Weißwein

1 l Gemüsebrühe

1 Handvoll frische Kräuter, fein gehackt

300 g gemischtes Gemüse (z. B. Paprika, Brokkoli, Babymais, Cocktailtomaten, Zwiebeln, Lauch, Baby-spinat), klein geschnitten

grobes Meersalz

200 g Emmentaler

Salz

Pfeffer

»Wir lieben den italienischen Klassiker zu jeder Jahreszeit. Kombiniert mit buntem Gemüse ist er ein perfektes Abendessen für eine Auszeit vom stressigen Alltag.«

POCHIERTE EIER IM GLAS MIT PAPRIKA UND GRIEBEN

ZUBEREITUNG

Paprika und Tomaten mit Petersilie und Schalotte in einer Schüssel vermischen und mit Olivenöl, Salz, Pfeffer und Chiliflocken abschmecken. In vier kleine Schälchen füllen.

Für das Pochieren der Eier haben wir einen sehr einfachen Trick: Etwa 2 cm hoch Wasser in eine Pfanne geben und einen guten Schuss Milch zufügen. Nun erwärmen, kurz vor dem Kochen die Hitze wieder reduzieren und die Eier nacheinander hineinschlagen.
Nach ca. 6–8 Minuten, sobald das Eiweiß gestockt ist, die Eier vorsichtig mit einem Schaumlöffel herausheben und auf die Paprika-Salsa in den kleinen Schälchen setzen.

Die Grieben darüber zerbröseln, etwas Fleur de Sel zufügen und direkt genießen.

ZUTATEN

Für 4 Personen

2 rote Spitzpaprika, fein gewürfelt

10 Cocktailtomaten, fein gewürfelt

1 Bund Petersilie, fein gehackt

1 kleine Schalotte, fein gewürfelt

2 EL Olivenöl

Salz

Pfeffer

Chiliflocken

4 Eier

Wasser

Milch

4 EL Grieben

Fleur de Sel

»Ob als Frühstücksergänzung, als Mittagssnack oder als Vorspeise zum Dinner, dieses Gericht passt zu jeder Tageszeit.«

Nordish by Nature Vor fast 15 Jahren begegnete Therese Moser-Rønning ihrem zukünftigen Mann bei der Arbeit in Oslo. Ob ohne diese Begegnung ihr Blog *The Norwegian Hausfrau* den Weg ins Netz gefunden hätte? Eher unwahrscheinlich! Schließlich zog Therese der Liebe wegen 2004 in die Schweiz, weit weg von ihren nordischen Wurzeln. Nur am Herd blieb Therese Norwegen ganz nah. Nach einer Reihe von privaten Dinnerpartys (die sie immer noch veranstaltet) sollten auch Essensvernarrte anderswo in den Genuss ihrer Rezepte kommen. An denen dürfte es Therese, die zweimal täglich für sich und ihre Familie warm kocht, nicht mangeln. Was dabei immer geht, ist die Zweiländerküche. In der kombiniert Therese Fischgratin aus dem hohen Norden mit einer würzigen Kruste aus Schweizer Käse. Die Norwegische Pizza mit Hackfleisch und Kreuzkümmel gehört ebenfalls zu ihren Lieblingsessen von damals, als Therese in den Achtzigern selbst ein Kind war. Nur das mit der Hausfrau sei dann bei allen Küchenfertigkeiten bitte ironisch zu verstehen. Neben den zwei Stunden, die Therese täglich bloggt, ist sie noch als Webdesignerin und Entwicklerin tätig; selbst wenn der Eindruck, den ihr Kochfoto zwei Seiten später vermittelt, ein anderer ist.

The Norwegian Hausfrau

Therese Moser-Rønning
Luzern, Schweiz
www.thenorwegianhausfrau.com

Q+A

Welches Essen lieben alle Kids?
Waffeln! In Norwegen werden die noch mit Ziegenkäse oder Sour Cream und Marmelade getoppt.

Was ist dein Lieblings-Fingerfood?
Pintxos, kleinere Tapas, die mit einem Zahnstocher auf Brot gepikst werden.

Was ist das älteste Teil in deiner Küche?
Ich.

Wo hast du am meisten Geld für Essen ausgegeben?
Auf dem Bauernmarkt in Luzern. Da habe ich eine irrwitzige Menge Käse gekauft.

Was sind deine Vorbilder beim Kochen?
Mich beeindrucken all jene, die täglich daran arbeiten, lokale, regionale und bezahlbare Produkte herzustellen. Für uns Konsumenten ist es wichtig, das Angebot aus dem eigenen Land zu nutzen und die Produzenten zu stärken.

Was ist deine liebste Länderküche?
Alles Mediterrane.

THE NORWEGIAN HAUSFRAU

TOMATEN-KARTOFFEL-SUPPE

ZUTATEN

Für 4–5 Portionen

1 große Kartoffel, geschält und gewürfelt

1 Schalotte, gewürfelt

1 große Knoblauchzehe, gewürfelt

2 EL Olivenöl

400 g Tomaten aus der Dose

500 g Gemüsebrühe

1 Sternanis

1 TL geriebener Ingwer

1 Handvoll Basilikumblätter

Salz

Pfeffer

4 EL schwarze Oliven ohne Stein

ZUBEREITUNG

Kartoffelstücke, Schalotte, Knoblauch und Olivenöl in einen Suppentopf geben. Auf mittlere Hitze stellen, regelmäßig umrühren.

Nach 5 Minuten Tomaten und Brühe dazugeben.

Mit Sternanis, Ingwer und Basilikum mischen. Den Sternanis nach 10 Minuten rausnehmen.

Den Rest weitere 15 Minuten auf niedriger Hitze köcheln lassen. Dann von der Herdplatte nehmen und im Mixer pürieren.

Noch mal aufkochen lassen und Wasser dazugeben, wenn die Suppe zu dick geworden ist.

Probieren und mit Salz und Pfeffer abschmecken.
Nicht vergessen: Die schwarzen Oliven als Topping am Ende geben auch eine salzige Note.

»»You like to-may-toes and I like to-mah-toes.‹ Ich bin mir nicht sicher, ob George und Ira Gershwin es gut gefunden hätten, dass ich ihre Songlyrics verwende, um zu zeigen, wie viele unterschiedliche Rezepte es für Tomatensuppe gibt. Heiß, kalt, cremig, mit Stücken oder fein. Okay, hören wir auf damit und ab in die Küche, um diese leckere Suppe mit Tomaten, Kartoffeln und schwarzen Oliven zu kochen.«

MANGO-AVOCADO-WRAPPERS

ZUTATEN

Für 4 Personen

2 große reife Mangos

4 reife Avocados, ausgelöst und gewürfelt

8 große Salatblätter

½ rote Zwiebel, fein gehackt

1–2 Limetten

flockiges Salz (z. B. Maldon Sea Salt)

ZUBEREITUNG

Die beiden Mangos entlang der langen flachen Seite aufschneiden, sodass man je Mango zwei gleiche Stücke erhält. So nah am Kern wie möglich schneiden. Die Haut der Mangohälften entfernen und das Fruchtfleisch in kleine Würfel schneiden. Die Würfel in eine kleine Schüssel geben.

Die Avocadowürfel in eine zweite kleine Schüssel füllen.

Ein Salatblatt nehmen und mit gleich viel Mango, Avocado und roter Zwiebel füllen.

Etwa ½ Teelöffel Limettensaft über jede Portion träufeln und mit Salz bestreuen.

»Stell dir vor, dass du Tacos isst, aber statt dem Taco Shell hast du ein Salatblatt. Romanosalat eignet sich gut, jeder großblättrige Salat funktioniert genauso. Man braucht nur noch eine Serviette.«

ANHANG

REGISTER

A

Ahornsirup: Bananen-Nussmus-Kuchen, 18–19

Albertines, Blog, 52–57

Artischocken, Rohe 68–69

Aubergine

Das beste Ofengemüse der Welt, 126–127

Mit Quinoa gefüllte Auberginen, 164–165

Augsburg, *Chestnut & Sage*, 22–27

Avocado

Gebackene Avocado, 60–61

Mango-Avocado-Wrappers, 176–177

Summer Roll Bowl mit Erdnuss-Limetten-Dressing, 102–103

Veganer Portobello-Burger, 116–117

B

Bad Vigaun, Österreich, *Individualisten*, 154–159

Bananen-Nussmus-Kuchen, 18–19

Baumgärtner, Theresa, 94–99

Because you are hungry, Blog, 166–171

Béchamelsauce, 30–31

Beeler, Pirmin, 52–57

Belugalinsen

Belugalinsen-Salat mit Holunderbeeren-Dressing, 120–121

Oven-baked Sweet Potato mit Tahini-Zitronen-Sauce, 134–135

Bergkäse: Entenbrust von der Barbarie-Ente an Bergkäserisotto und Erbsenpüree, 80–81

Berlin

derultimativekochblog, 130–135

Eat In My Kitchen, 28–33

Food with a View, 118–123

Krautkopf, 34–39

Nicky&Max, 46–51

Our Food Stories, 16–21

Sophia Hoffmann, 82–87

The Wednesday Chef, 124–129

Tiny Spoon, 142–147

What Should I Eat For Breakfast Today?, 58–63

Zucker & Jagdwurst, 112–117

Birnen-Sternanis-Frühstückskuchen, 32–33

Blattspinat

Kräuter-Käse-Risotto mit Pfannengemüse, 168–169

Oven-baked Sweet Potato mit Tahini-Zitronen-Sauce, 134–135

Süßkartoffel-Quinoa-Falafel-Bowl mit Kokos-Koriander-Tzatziki, 104–105

Thai-Kokos-Suppe, 36–37

Blauschimmelkäse: Ricotta-Blauschimmelkäse-Dip, 62–63

Bonstetten, Schweiz, *Little City*, 160–165

Bowl

Good Life Bowl mit Mais und Räuchertofu, 74–75

Summer Roll Bowl mit Erdnuss-Limetten-Dressing, 102–103

Süßkartoffel-Quinoa-Falafel-Bowl mit Kokos-Koriander-Tzatziki, 104–105

Brezeln, 128–129

Brownies: Samtige Rote-Bete-Brownies mit Himbeeren, 84–85

Büffelmozzarella: Offene Lasagne mit grünem Spargel und Büffelmozzarella, 108–109

Buml, Mel, 148–153

Burger

Ramen-Burger, 162–163

Veganer Portobello-Burger, 116–117

Butternuss *siehe* Kürbis

C

Cheesecake im Glas mit Orangen, 54–55

Chestnut & Sage, Blog, 22–27

Cranberry: Crostini mit Ziegenkäse und Persimon-Cranberry-Chutney, 150–151

Crème brûlée mit Kürbis und Kokos, 122–123

Crespelle: Kürbis-Ricotta-Crespelle mit knusprigem Salbei, 30–31

Crostini mit Ziegenkäse und Persimon-Cranberry-Chutney, 150–151

Culinary Pixel, Blog, 106–111

Currypaste

Rotes Curry, 72–73

Thai-Kokos-Suppe, 36–37

D

derultimativekochblog, Blog, 130–135

Desserts

Cheesecake im Glas mit Orangen, 54–55

Crème brûlée mit Kürbis und Kokos, 122–123

Vanille-Chocolate-Chip-Kirsch-Shake, 50–51

Weiße Schokolade, 156–157

Die Jungs kochen und backen, Blog, 76–81

Dinkel-Pancakes, 90–91

E

Eat In My Kitchen, Blog, 28–33

Eat This!, Blog, 70–75

Ei

Gebackene Avocado, 60–61

Pochierte Eier im Glas mit Paprika und Grieben, 170–171

Eis: Vanille-Chocolate-Chip-Kirsch-Shake, 50–51

Eisermann, Nora, 16–21

Entenbrust von der Barbarie-Ente an Bergkäserisotto und Erbsenpüree, 80–81

Erbsen

Entenbrust von der Barbarie-Ente an Bergkäserisotto und Erbsenpüree, 80–81

Kartoffel-Erbsen-Taler, 144–145

Orientalisches Risi e Bisi, 26–27

Erbsenauberginen, thailändische: Rotes Curry, 72–73

Erdnuss-Limetten-Dressing, 102–103

Erdnussbutter: Glutenfreie Erdnussbutter-Pancakes, 20–21

Erdnussmus: Summer Roll Bowl mit Erdnuss-Limetten-Dressing, 102–103

F

Faber, Max, 46–51

Falafel: Süßkartoffel-Quinoa-Falafel-Bowl mit Kokos-Koriander-Tzatziki, 104–105

Feige: Bunter Feigensalat mit Ziegenfrischkäse, 42–43

Feldsalat

Gefüllte Kartoffeln mit Ziegenfrischkäse und Linsen, 56–57

Good Life Bowl mit Mais und Räuchertofu, 74–75

Summer Roll Bowl mit Erdnuss-Limetten-Dressing, 102–103

Süßkartoffel-Quinoa-Falafel-Bowl mit Kokos-Koriander-Tzatziki

Fellbach, *Ye Olde Kitchen*, 136–141

Fenchel: Orientalisches Risi e Bisi, 26–27

Food with a View, Blog, 118–123

Friedrich, Isabelle, 112–117

Frischkäse

Rhabarber-Cheesecake-Schnitten, 38–39

Schnelle Pesto-Tortellini mit Spargel und Kapernäpfeln, 48–49

Frühlingszwiebel

Belugalinsen-Salat mit Holunder-beeren-Dressing, 120–121

Thai-Kokos-Suppe, 36–37

Frühstück

Birnen-Sternanis-Frühstücks-kuchen, 32–33

Brezeln, 128–129

Gebackene Avocado, 60–61

Glutenfreie Erdnussbutter-Pancakes, 20–21

Pochierte Eier im Glas mit Paprika und Grieben, 170–171

Ricotta-Blauschimmelkäse-Dip, 62–63

G

Garnelen

Spaghetti mit Garnelen in Weißweinsauce, 146–147

Thai-Style Seafood Platter mit Süßkartoffeln und Wasserspinat, 110–111

Gebäck, herzhaftes

Brezeln, 128–129

Rote Schnecken mit Grünkohl-Pekannuss-Senf-Füllung, 86–87

Geschmacksmomente, Blog, 88–93

Glutenfrei

Bananen-Nussmus-Kuchen, 18–19

Belugalinsen-Salat mit Holunderbeeren-Dressing, 120–121

Bunter Feigensalat mit Ziegenfrischkäse, 42–43

Crème brûlée mit Kürbis und Kokos, 122–123

Das beste Ofengemüse der Welt, 126–127

Entenbrust von der Barbarie-Ente an Bergkäserisotto und Erbsen-püree, 80–81

Gebackene Avocado, 60–61

Gefüllte Kartoffeln mit Ziegen-frischkäse und Linsen, 56–57

Glutenfreie Erdnussbutter-Pancakes, 20–21

Good Life Bowl mit Mais und Räuchertofu, 74–75

Kartoffel-Erbsen-Taler, 144–145

Kräuter-Käse-Risotto mit Pfannen-gemüse, 168–169

Mango-Avocado-Wrappers, 176–177

Maronicremesuppe mit gerösteten Salbeiblättern, 92–93

Mit Quinoa gefüllte Auberginen, 164–165

Oven-baked Sweet Potato mit Tahini-Zitronen-Sauce, 134–135

Pannonisches Reisfleisch, 44–45

Ricotta-Blauschimmelkäse-Dip, 62–63

Rohe Artischocken, 68–69

Rotes Curry, 72–73

Summer Roll Bowl mit Erdnuss-Limetten-Dressing, 102–103

Süßkartoffel-Quinoa mit karamellisierten Haselnüssen, 96–97

Süßkartoffel-Quinoa-Falafel-Bowl mit Kokos-Koriander-Tzatziki, 104–105

Tomaten-Kartoffel-Suppe, 174–175

Vanille-Schokotorte, 158–159

Weiße Schokolade, 156–157

Gnocchi: Haselnussgnocchi mit gebratenem Rosenkohl, 140–141

Gols, Österreich, *Mundwerk*, 40–45

Gorgonzola: Grünkohl-Pasta, 138–139

Gottschall, Juri, 64–69

GourmetGuerilla, Blog, 148–153

Grano Arso: Verbrannte Erde, 66–67

Greber, Marta, 58–63

Grieben: Pochierte Eier im Glas mit Paprika und Grieben, 170–171

Griechischer Joghurt: Dinkel-Pancakes, 90–91

Grünkohl

Grünkohl-Pasta, 138–139

Rote Schnecken mit Grünkohl-Pekannuss-Senf-Füllung, 86–87

Guacamole, 116–117

Gurke

Sobanudeln mit Gurke und Wakame, 24–25

Summer Roll Bowl mit Erdnuss-Limetten-Dressing, 102–103

H

Hackfleisch: Ramen-Burger, 162–163

Halter, Barbara, 52–57

Hamburg, *GourmetGuerilla*, 148–153

Haselnuss

Haselnussgnocchi mit gebratenem Rosenkohl, 140–141

Süßkartoffel-Quinoa mit karamellisierten Haselnüssen, 96–97

Hauptgerichte

Das beste Ofengemüse der Welt, 126–127

Entenbrust von der Barbarie-Ente an Bergkäserisotto und Erbsenpüree, 80–81

Gefüllte Kartoffeln mit Ziegenfrischkäse und Linsen, 56–57

Good Life Bowl mit Mais und Räuchertofu, 74–75

Grünkohl-Pasta, 138–139

Haselnussgnocchi mit gebratenem Rosenkohl, 140–141

Kartoffel-Erbsen-Taler, 144–145

Kräuter-Käse-Risotto mit Pfannengemüse, 168–169

Kürbis-Ricotta-Crespelle mit knusprigem Salbei, 30–31

Makkaroni mit Linsen-Bolognese, 152–153

Mit Quinoa gefüllte Auberginen, 164–165

Offene Lasagne mit grünem Spargel und Büffelmozzarella, 108–109

Orientalisches Risi e Bisi, 26–27

Oven-baked Sweet Potato mit Tahini-Zitronen-Sauce, 134–135

Hauptgerichte (Fortsetzung)

Pannonisches Reisfleisch, 44–45

Pasta mit ofengerösteten Kirschtomaten, Pimientos und Ziegenfeta, 132–133

Ramen-Burger, 162–163

Rote-Bete-Tarte mit Ziegenkäse, 98–99

Rotes Curry, 72–73

Schnelle Pesto-Tortellini mit Spargel und Kapernäpfeln, 48–49

Sobanudeln mit Gurke und Wakame, 24–25

Spaghetti mit Garnelen in Weißweinsauce, 146–147

Summer Roll Bowl mit Erdnuss-Limetten-Dressing, 102–103

Süßkartoffel-Quinoa mit karamellisierten Haselnüssen, 96–97

Süßkartoffel-Quinoa-Falafel-Bowl mit Kokos-Koriander-Tzatziki, 104–105

Thai-Kokos-Suppe, 36–37

Thai-Style Seafood Platter mit Süßkartoffeln und Wasserspinat, 110–111

Vegane Mohnnudeln mit Pflaumensauce, 114–115

Veganer Portobello-Burger, 116–117

Verbrannte Erde, 66–67

Heavenlynn Healthy, Blog, 100–105

Herrmann, Julia, 22–27

Himbeere: Samtige Rote-Bete-Brownies mit Himbeeren, 84–85

Hirschberger, Claudia, 118–123

Hoefer, Lynn, 100–105

Hoffleit, Eva-Maria, 136–141

Hoffmann, Sophia, 82–87

Hokkaido siehe Kürbis

Holunder: Belugalinsen-Salat mit Holunderbeeren-Dressing, 120–121

Horn, Nadine, 70–75

I

Individualisten, Blog, 154–159

K

Kakaobutter

Crème brûlée mit Kürbis und Kokos, 122–123

Weiße Schokolade, 156–157

Kapern

Schnelle Pesto-Tortellini mit Spargel und Kapernäpfeln, 48–49

Verbrannte Erde, 66–67

Karotte

Das beste Ofengemüse der Welt, 126–127

Good Life Bowl mit Mais und Räuchertofu, 74–75

Rotes Curry, 72–73

Summer Roll Bowl mit Erdnuss-Limetten-Dressing, 102–103

Kartoffel

Das beste Ofengemüse der Welt, 126–127

Gefüllte Kartoffeln mit Ziegenfrischkäse und Linsen, 56–57

Haselnussgnocchi mit gebratenem Rosenkohl, 140–141

Kartoffel-Erbsen-Taler, 144–145

Thai-Style Seafood Platter mit Süßkartoffeln und Wasserspinat, 110–111

Tomaten-Kartoffel-Suppe, 174–175

Vegane Mohnnudeln mit Pflaumensauce, 114–115

Kichererbsen

Oven-baked Sweet Potato mit Tahini-Zitronen-Sauce, 134–135

Süßkartoffel-Quinoa-Falafel-Bowl mit Kokos-Koriander-Tzatziki, 104–105

Kirsche: Vanille-Chocolate-Chip-Kirsch-Shake, 50–51

Kögl, Antonia, 166–171

Kokosjoghurt

Glutenfreie Erdnussbutter-Pancakes, 20–21

Süßkartoffel-Quinoa-Falafel-Bowl mit Kokos-Koriander-Tzatziki, 104–105

Kokosmilch

Crème brûlée mit Kürbis und Kokos, 122–123

Rotes Curry, 72–73

Thai-Kokos-Suppe, 36–37

Thai-Style Seafood Platter mit Süßkartoffeln und Wasserspinat, 110–111

Vanille-Schokotorte, 158–159

Kokosmus

Vanille-Schokotorte, 158–159

Weiße Schokolade, 156–157

Kokosöl

Crostini mit Ziegenkäse und Persimon-Cranberry-Chutney, 150–151

Glutenfreie Erdnussbutter-Pancakes, 20–21

Kokos-Koriander-Tzatziki, 104–105

Samtige Rote-Bete-Brownies mit Himbeeren, 84–85

Thai-Kokos-Suppe, 36–37

Vanille-Schokotorte, 158–159

Köln, Die Jungs kochen und backen, 76–81

König, Anna, 130–135

Kräuter-Käse-Risotto mit Pfannengemüse, 168–169

Krautkopf, Blog, 34–39

Kuchen

Bananen-Nussmus-Kuchen, 18–19

Birnen-Sternanis-Frühstückskuchen, 32–33

Rhabarber-Cheesecake-Schnitten, 38–39

Samtige Rote-Bete-Brownies mit Himbeeren, 84–85

Vanille-Schokotorte, 158–159

Whiskey-Schoko-Cupcakes, 78–79

Kürbis

Crème brûlée mit Kürbis und Kokos, 122–123

Kürbis-Ricotta-Crespelle mit knusprigem Salbei, 30–31

L

Lachs: Thai-Style Seafood Platter mit Süßkartoffeln und Wasserspinat, 110–111

Lasagne: Offene Lasagne mit grünem Spargel und Büffelmozzarella, 108–109

Lauenstein, Mercedes, 64–69

Lawitschka, Philipp, 136–141

Limbeck, Melanie, 40–45

Linsen

Belugalinsen-Salat mit Holunderbeeren-Dressing, 120–121

Gefüllte Kartoffeln mit Ziegenfrischkäse und Linsen, 56–57

Makkaroni mit Linsen-Bolognese, 152–153

Little City, Blog, 160–165

Lüneburg, Heavenlynn Healthy, 100–105

Luxemburg, Luxemburg, *Theresas Küche*, 94–99

Luzern, Schweiz, *The Norwegian Hausfrau*, 172–177

M

Mais

Good Life Bowl mit Mais und Räuchertofu, 74–75

Kräuter-Käse-Risotto mit Pfannengemüse, 168–169

Makkaroni mit Linsen-Bolognese, 152–153

Malta, *Eat In My Kitchen*, 28–33

Mandelmus: Bananen-Nussmus-Kuchen, 18–19

Mango-Avocado-Wrappers, 176–177

Maronicremesuppe mit gerösteten Salbeiblättern, 92–93

Mayer, Jörg, 70–75

Mella, Valeria, 160–165

Mohn: Vegane Mohnnudeln mit Pflaumensauce, 114–115

Moser-Rønning, Therese, 172–177

München

Culinary Pixel, 106–111

Splendido Magazin, 64–69

Mundwerk, Blog, 40–45

Mungobohnensprossen: Thai-Kokos-Suppe, 36–37

Muthesius, Laura, 16–21

N

Nicky&Max, Blog, 46–51

Nudeln

Grünkohl-Pasta, 138–139

Makkaroni mit Linsen-Bolognese, 152–153

Offene Lasagne mit grünem Spargel und Büffelmozzarella, 108–109

Pasta mit ofengerösteten Kirschtomaten, Pimientos und Ziegenfeta, 132–133

Schnelle Pesto-Tortellini mit Spargel und Kapernäpfeln, 48–49

Sobanudeln mit Gurke und Wakame, 24–25

Spaghetti mit Garnelen in Weißweinsauce, 146–147

Verbrannte Erde, 66–67

Nussmus

Bananen-Nussmus-Kuchen, 18–19

Glutenfreie Erdnussbutter-Pancakes, 20–21

O

Ofengerichte

Das beste Ofengemüse der Welt, 126–127

Kürbis-Ricotta-Crespelle mit knusprigem Salbei, 30–31

Mit Quinoa gefüllte Auberginen, 164–165

Oven-baked Sweet Potato mit Tahini-Zitronen-Sauce, 134–135

Orange

Cheesecake im Glas mit Orangen, 54–55

Offene Lasagne mit grünem Spargel und Büffelmozzarella, 108–109

Crème brûlée mit Kürbis und Kokos, 122–123

Our Food Stories, Blog, 16–21

P

Pancakes

Dinkel-Pancakes, 90–91

Glutenfreie Erdnussbutter-Pancakes, 20–21

Pannonisches Reisfleisch, 44–45

Paprika

Das beste Ofengemüse der Welt, 126–127

Kräuter-Käse-Risotto mit Pfannengemüse, 168–169

Makkaroni mit Linsen-Bolognese, 152–153

Pannonisches Reisfleisch, 44–45

Pochierte Eier im Glas mit Paprika und Grieben, 170–171

Rotes Curry, 72–73

Parmesan

Kürbis-Ricotta-Crespelle mit knusprigem Salbei, 30–31

Makkaroni mit Linsen-Bolognese, 152–153

Orientalisches Risi e Bisi, 26–27

Rohe Artischocken, 68–69

Rote-Bete-Tarte mit Ziegenkäse, 98–99

Verbrannte Erde, 66–67

Pasta *siehe* Nudeln

Pekannüsse: Rote Schnecken mit Grünkohl-Pekannuss-Senf-Füllung, 86–87

Persimon: Crostini mit Ziegenkäse und Persimon-Cranberry-Chutney, 150–151

Pesto: Schnelle Pesto-Tortellini mit Spargel und Kapernäpfeln, 48–49

Peters, Meike, 28–33

Pfirsich: Belugalinsen-Salat mit Holunderbeeren-Dressing, 120–121

Pflaume: Vegane Mohnnudeln mit Pflaumensauce, 114–115

Pimientos de Padron: Pasta mit ofengerösteten Kirschtomaten, Pimientos und Ziegenfeta, 132–133

Portobello: Veganer Portobello-Burger, 116–117

Probst, Susann, 34–39

Q

Quinoa

Mit Quinoa gefüllte Auberginen, 164–165

Süßkartoffel-Quinoa mit karamellisierten Haselnüssen, 96–97

Süßkartoffel-Quinoa-Falafel-Bowl mit Kokos-Koriander-Tzatziki, 104–105

R

Radieschen

Belugalinsen-Salat mit Holunderbeeren-Dressing, 120–121

Good Life Bowl mit Mais und Räuchertofu, 74–75

Ricotta-Blauschimmelkäse-Dip, 62–63

Radtke, Julia, 142–147

Ramen-Burger, 162–163

Reis

Entenbrust von der Barbarie-Ente an Bergkäserisotto und Erbsenpüree, 80–81

Good Life Bowl mit Mais und Räuchertofu, 74–75

Kräuter-Käse-Risotto mit Pfannengemüse, 168–169

Orientalisches Risi e Bisi, 26–27

Pannonisches Reisfleisch, 44–45

Reisnudeln
Summer Roll Bowl mit Erdnuss-Limetten-Dressing, 102–103
Thai-Kokos-Suppe, 36–37
Rhabarber-Cheesecake-Schnitten, 38–39
Ricotta
Kürbis-Ricotta-Crespelle mit knusprigem Salbei, 30–31
Ricotta-Blauschimmelkäse-Dip, 62–63
Verbrannte Erde, 66–67
Rosenkohl: Haselnussgnocchi mit gebratenem Rosenkohl, 140–141
Rote Bete
Gefüllte Kartoffeln mit Ziegenfrischkäse und Linsen, 56–57
Rote Schnecken mit Grünkohl-Pekannuss-Senf-Füllung, 86–87
Rote-Bete-Tarte mit Ziegenkäse, 98–99
Samtige Rote-Bete-Brownies mit Himbeeren, 84–85
Rotes Curry, 72–73
Rotkraut: Good Life Bowl mit Mais und Räuchertofu, 74–75
Rübe: Bunter Feigensalat mit Ziegenfrischkäse, 42–43

S
Salate
Belugalinsen-Salat mit Holunderbeeren-Dressing, 120–121
Bunter Feigensalat mit Ziegenfrischkäse, 42–43
Mango-Avocado-Wrappers, 176–177
Rohe Artischocken, 68–69
Salbei
Kürbis-Ricotta-Crespelle mit knusprigem Salbei, 30–31
Maronicremesuppe mit gerösteten Salbeiblättern, 92–93
Süßkartoffel-Quinoa mit karamellisierten Haselnüssen, 96–97
Salzzitrone: Orientalisches Risi e Bisi, 26–27
Sandner, Annette, 106–111
Schmidt, Arne, 118–123
Schokolade
Samtige Rote-Bete-Brownies mit Himbeeren, 84–85

Vanille-Chocolate-Chip-Kirsch-Shake, 50–51
Vanille-Schokotorte, 158–159
Weiße Schokolade, 156–157
Whiskey-Schoko-Cupcakes, 78–79
Schon, Yannic, 34–39
Schupfnudeln: Vegane Mohnnudeln mit Pflaumensauce, 114–115
Schwaighofer, Eva, 154–159
Schwein: Pannonisches Reisfleisch, 44–45
Shiitake: Thai-Kokos-Suppe, 36–37
Sobanudeln mit Gurke und Wakame, 24–25
Sojasprossen: Rotes Curry, 72–73
Sophia Hoffmann, Blog, 82–87
Spaghetti mit Garnelen in Weißweinsauce, 146–147
Spargel
Offene Lasagne mit grünem Spargel und Büffelmozzarella, 108–109
Schnelle Pesto-Tortellini mit Spargel und Kapernäpfeln, 48–49
Splendido Magazin, Blog, 64–69
Steinle, Benedikt, 166–171
Stephan, Julia, 112–117
Sternanis
Birnen-Sternanis-Frühstückskuchen, 32–33
Cheesecake im Glas mit Orangen, 54–55
Stöttinger, Karin, 88–93
Suppen
Maronicremesuppe mit gerösteten Salbeiblättern, 92–93
Thai-Kokos-Suppe, 36–37
Tomaten-Kartoffel-Suppe, 174–175
Süßkartoffel
Oven-baked Sweet Potato mit Tahini-Zitronen-Sauce, 134–135
Süßkartoffel-Quinoa mit karamellisierten Haselnüssen, 96–97
Süßkartoffel-Quinoa-Falafel-Bowl mit Kokos-Koriander-Tzatziki, 104–105
Thai-Style Seafood Platter mit Süßkartoffeln und Wasserspinat, 110–111

T
Tahini-Zitronen-Sauce, 134–135
The Norwegian Hausfrau, Blog, 172–177
The Wednesday Chef, Blog, 124–129
Theresas Küche, Blog, 94–99
Tiny Spoon, Blog, 142–147
Tofu
Good Life Bowl mit Mais und Räuchertofu, 74–75
Rotes Curry, 72–73
Thai-Kokos-Suppe, 36–37
Tomate
Bunter Feigensalat mit Ziegenfrischkäse, 42–43
Das beste Ofengemüse der Welt, 126–127
Mit Quinoa gefüllte Auberginen, 164–165
Pasta mit ofengerösteten Kirschtomaten, Pimientos und Ziegenfeta, 132–133
Pochierte Eier im Glas mit Paprika und Grieben, 170–171
Süßkartoffel-Quinoa-Falafel-Bowl mit Kokos-Koriander-Tzatziki, 104–105
Tomaten-Kartoffel-Suppe, 174–175
Verbrannte Erde, 66–67
Tortelli: Verbrannte Erde, 66–67
Tortellini: Schnelle Pesto-Tortellini mit Spargel und Kapernäpfeln, 48–49

U
Ulm, *Eat This!,* 70–75

V
Vanille
Vanille-Chocolate-Chip-Kirsch-Shake, 50–51
Vanille-Schokotorte, 158–159
Vegan
Belugalinsen-Salat mit Holunderbeeren-Dressing, 120–121
Crème brûlée mit Kürbis und Kokos, 122–123
Das beste Ofengemüse der Welt, 126–127
Good Life Bowl mit Mais und Räuchertofu, 74–75
Makkaroni mit Linsen-Bolognese, 152–153

Mango-Avocado-Wrappers, 176–177

Mit Quinoa gefüllte Auberginen, 164–165

Oven-baked Sweet Potato mit Tahini-Zitronen-Sauce, 134–135

Rohe Artischocken, 68–69

Rote Schnecken mit Grünkohl-Pekannuss-Senf-Füllung, 86–87

Rotes Curry, 72–73

Samtige Rote-Bete-Brownies mit Himbeeren, 84–85

Sobanudeln mit Gurke und Wakame, 24–25

Summer Roll Bowl mit Erdnuss-Limetten-Dressing, 102–103

Süßkartoffel-Quinoa mit karamellisierten Haselnüssen, 96–97

Süßkartoffel-Quinoa-Falafel-Bowl mit Kokos-Koriander-Tzatziki, 104–105

Thai-Kokos-Suppe, 36–37

Tomaten-Kartoffel-Suppe, 174–175

Vanille-Schokotorte, 158–159

Vegane Mohnnudeln mit Pflaumensauce, 114–115

Veganer Portobello-Burger, 116–117

Weiße Schokolade, 156–157

Vegetarisch

Belugalinsen-Salat mit Holunderbeeren-Dressing, 120–121

Bunter Feigensalat mit Ziegenfrischkäse, 42–43

Crostini mit Ziegenkäse und Persimon-Cranberry-Chutney, 150–151

Das beste Ofengemüse der Welt, 126–127

Gefüllte Kartoffeln mit Ziegenfrischkäse und Linsen, 56–57

Good Life Bowl mit Mais und Räuchertofu, 74–75

Grünkohl-Pasta, 138–139

Haselnussgnocchi mit gebratenem Rosenkohl, 140–141

Kartoffel-Erbsen-Taler, 144–145

Kräuter-Käse-Risotto mit Pfannengemüse, 168–169

Kürbis-Ricotta-Crespelle mit knusprigem Salbei, 30–31

Makkaroni mit Linsen-Bolognese, 152–153

Mango-Avocado-Wrappers, 176–177

Maronicremesuppe mit gerösteten Salbeiblättern, 92–93

Mit Quinoa gefüllte Auberginen, 164–165

Offene Lasagne mit grünem Spargel und Büffelmozzarella, 108–109

Orientalisches Risi e Bisi, 26–27

Oven-baked Sweet Potato mit Tahini-Zitronen-Sauce, 134–135

Pasta mit ofengerösteten Kirschtomaten, Pimientos und Ziegenfeta, 132–133

Ricotta-Blauschimmelkäse-Dip, 62–63

Rohe Artischocken, 68–69

Rote-Bete-Tarte mit Ziegenkäse, 98–99

Rotes Curry, 72–73

Schnelle Pesto-Tortellini mit Spargel und Kapernäpfeln, 48–49

Sobanudeln mit Gurke und Wakame, 24–25

Summer Roll Bowl mit Erdnuss-Limetten-Dressing, 102–103

Süßkartoffel-Quinoa mit karamellisierten Haselnüssen, 96–97

Süßkartoffel-Quinoa-Falafel-Bowl mit Kokos-Koriander-Tzatziki, 104–105

Thai-Kokos-Suppe, 36–37

Tomaten-Kartoffel-Suppe, 174–175

Vegane Mohnnudeln mit Pflaumensauce, 114–115

Veganer Portobello-Burger, 116–117

Verbrannte Erde, 66–67

Vorspeisen

Crostini mit Ziegenkäse und Persimon-Cranberry-Chutney, 150–151

Mango-Avocado-Wrappers, 176–177

W

Wakame: Sobanudeln mit Gurke und Wakame, 24–25

Walnuss: Rhabarber-Cheesecake-Schnitten, 38–39

Walsh, Nicky, 46–51

Wan-Tan: Schnelle Pesto-Tortellini mit Spargel und Kapernäpfeln, 48–49

Wasserspinat: Thai-Style Seafood Platter mit Süßkartoffeln und Wasserspinat, 110–111

Weiss, Luisa, 124–129

Weiße Bohnen: Samtige Rote-Bete-Brownies mit Himbeeren, 84–85

Weiße Schokolade, 156–157

Wels, Österreich, *Geschmacksmomente*, 88–93

Wenzl, Holger, 130–135

Wett, Sascha, 76–81

Wett, Torsten, 76–81

What Should I Eat For Breakfast Today?, Blog, 58–63

Whiskey-Schoko-Cupcakes, 78–79

Wien, *Because you are hungry*, 166–171

Y

Ye Olde Kitchen, Blog, 136–141

Z

Zata: Orientalisches Risi e Bisi, 26–27

Ziegenkäse

Bunter Feigensalat mit Ziegenfrischkäse, 42–43

Crostini mit Ziegenkäse und Persimon-Cranberry-Chutney, 150–151

Gefüllte Kartoffeln mit Ziegenfrischkäse und Linsen, 56–57

Pasta mit ofengerösteten Kirschtomaten, Pimientos und Ziegenfeta, 132–133

Rote-Bete-Tarte mit Ziegenkäse, 98–99

Zucchini

Das beste Ofengemüse der Welt, 126–127

Mit Quinoa gefüllte Auberginen, 164–165

Pannonisches Reisfleisch, 44–45

Zucker & Jagdwurst, Blog, 112–117

Zuckerschoten: Rotes Curry, 72–73

Zug, Schweiz, *Albertines*, 52–57

Zwiebel

Das beste Ofengemüse der Welt, 126–127

Veganer Portobello-Burger, 116–117

DIE AUTORIN

Julia Stelzner schreibt als freie Journalistin über Mode, Reisen und Essen großteils für die *Frankfurter Allgemeine Zeitung*, den Zeitverlag und *Elle*. *Wie wir kochen* ist nach *Berlin Fashion* (2014) das zweite Buch von Julia Stelzner im Prestel Verlag. Julia, die mit Mann und Kater in Berlin lebt, schrieb selbst zwei Jahre den vegetarischen Restaurant-Blog *VeggieWay* und lud mit einer Freundin zum Berliner Supper Club The Green vs. The Greek ein.
Julia isst seit 17 Jahren nur Vegetarisches, und das meistens gesund, es sei denn, es ist Pizza. Außerdem kann sie besser kochen als backen und rät jedem, mehr Granatapfel zu essen. Dann darf es auch wieder ein Negroni mehr sein.
So befinden sich in diesem Buch auch mehr vegetarische Rezepte als solche mit Fisch oder Fleisch, was aber vor allem an den tollen gemüselastigen Rezeptvorschlägen der Foodblogs lag.

Julia dankt

Allen fabelhaften Foodblogs in diesem Buch.

Eva Biringer für ihr schönes Vorwort.

Thorsten Konrad u. a. für den Arbeitsplatz und das Foto.

Der Berghoferin in Südtirol für den Foto-Hintergrund.

Stephan Schneider für das Kleid.

Claudia Stäuble und Julie Kiefer für dieses Projekt.

Impressum und Bildnachweis

© Prestel Verlag, München · London · New York, 2017
in der Verlagsgruppe Random House GmbH
Neumarkter Straße 28 · 81673 München

© Abbildungen:
Cover: Oben links: © Our Food Stories; Mitte: Mundwerk © Thomas Sieberer; rechts:
© Mundwerk; unten: © What Should I Eat For Breakfast Today?; S. 6: Eat This! © Jörg Mayer;
S. 11: © Max Ganter; S. 13: © Eat In My Kitchen, Foto: Meike Peters; S. 14/15: © Tiny Spoon; S. 16–21:
© Our Food Stories; S. 22–27: © Chestnut & Sage, Porträt: © Sarah Seidel; S. 28–33: © Eat In My
Kitchen, Fotos: Meike Peters, Porträt: © Susanne Erler; S. 34–39: © Krautkopf; S. 40: Mundwerk
© Thomas Sieberer, S. 41: Mundwerk © Leni Charles, S. 42–45: © Mundwerk; S. 46–51:
© Nicky&Max, Fotos: Nicky Walsh; S. 52–57: © Albertines, Porträt: © Vanessa Püntener; S. 58–63:
What Should I Eat for Breakfast Today?; S. 64–69: © Splendido Magazin; S. 70–75: © Eat This!;
S. 76–81: © Die Jungs kochen und backen, Porträt: Michael Neumann; S. 82–87: © Sophia
Hoffmann, Porträt: © Zoe Spawton; S. 88–93: © Geschmacksmomente, Porträt: © www.sil-via.at;
S. 94–99: © Theresas Küche; S. 100–105: © Heavenlynn Healthy; S. 106–111: © Culinary Pixel;
S. 112–117: © Zucker & Jagdwurst, Porträt: Anne-Katrin Hutschenreuter; S. 118–123: © Food with
a View; S. 124–128: © Wednesday Chef, S. 129: Wednesday Chef © 2016 Luisa Weiss, Foto © 2016
Aubrie Pick, used by permission of Ten Speed Press, an imprint of the Crown Publishing Group,
a division of Penguin Random House LLC. All rights reserved; S. 130–135: © derultimativekochblog,
Porträts: © David Gauffin und Anna König; S. 136–141: © Ye Olde Kitchen; S. 142–147: © Tiny Spoon;
S. 148–153: © GourmetGuerilla; S. 154–159: © Individualisten; S. 160–165: © Little City; S. 166–171:
© Because you are hungry; S. 172/173 & 176: The Norwegian Hausfrau © Lisa Dietermann,
S. 174: The Norwegian Hausfrau © Therese Moser; S. 178/179: Eat This! © Jörg Mayer; S. 186:
© Thorsten Konrad; S. 187: © Nicky&Max, Foto: Nicky Walsh

Der Verlag weist ausdrücklich darauf hin, dass im Text enthaltene externe Links vom
Verlag nur bis zum Zeitpunkt der Buchveröffentlichung eingesehen werden konnten.
Auf spätere Veränderungen hat der Verlag keinerlei Einfluss. Eine Haftung des Verlags
ist daher ausgeschlossen.

Projektleitung: Julie Kiefer, Claudia Stäuble
Lektorat: Susanne Philippi
Design: Amy Sly
Coverdesign: Booth Design Unit, Berlin
Satz und Layout: a.visus, Michael Hempel, München
Herstellung: Friederike Schirge
Lithografie: Reproline mediateam, München
Druck und Bindung: DZS Grafik. d.o.o. Ljubljana
Papier: Tauro Offset

Verlagsgruppe Random House FSC® N001967
Gedruckt in Bosnien-Herzegowina
ISBN 978-3-7913-8367-5
www.prestel.de